Diseño: Gerardo Miño
Composición: Eduardo Rosende

Edición: Primera. Octubre de 2011

ISBN: 978-84-92613-86-1

Tirada: 1.000 ejemplares

Lugar de edición: Buenos Aires, Argentina

Página web: www.minoydavila.com
Mail producción: produccion@minoydavila.com.ar
Mail administración: info@minoydavila.com.ar

En España: P.I. Camporroso. Montevideo 5, nave 15
(28806) Alcalá de Henares, Madrid.
En Argentina: Miño y Dávila srl
Av. Rivadavia 1977, 5º B
(C1033AAJ), Buenos Aires.

tel-fax: (54 11) 3534-6430

Cori Camps y Juan Mila
(coordinadores)

El psicomotricista en su cuerpo

De lo sensoriomotor a la transformación psíquica

Cori Camps

Juan Mila

Lola García

Mariela Peceli

Inés Tomás

ÍNDICE

A nuestros maestros,
A nuestros alumnos

Proyecto de Investigación financiado por la Agencia Española de Cooperación Internacional para el Desarrollo (AECID). Ministerio de Asuntos Exteriores y Cooperación (Convocatorias 2008 – 2009)

Título del proyecto: "Constitución de un grupo de trabajo, investigación y docencia para la formación corporal y personal de los estudiantes de psicomotricidad de la URV y de la Universidad de la República (Montevideo - Uruguay)"

Prólogo

por Pablo Bottini

Es este un texto necesario.

La práctica psicomotriz resulta aún demasiado críptica para aquellos no iniciados en ella.

Eso incluye a los directivos de las instituciones en las que los psicomotricistas se forman, que pese a haber optado por albergar en ellas estas formaciones, no son la excepción.

En muchas de estas formaciones, la necesidad de que los estudiantes atraviesen un intenso trabajo personal de base corporal, suele ser mediatizada por diferentes prácticas ligadas a expresiones artísticas de distinta índole. Así, el teatro, la danza, la plástica o diferentes "técnicas corporales", solo por mencionar algunas opciones, son enseñadas al futuro psicomotricista en el afán de que éste logre "entrenar" su cuerpo.

Desde luego, este tipo de formación constituye una importante ayuda en la disposición del futuro psicomotricista al despliegue de su cuerpo en el trabajo que se propone, sea este de educación o terapia psicomotriz. Es, por otra parte, el aspecto de más fácil comprensión para aquellos que ven "desde afuera" a la práctica psicomotriz.

También sabemos, por experiencia de años de ejercicio en este campo, que haber aprendido estas técnicas cubre solo un aspecto, el técnico-instrumental, de lo que en el ámbito de la práctica se despliega.

Pero… ¿dónde y cómo se favorece la elaboración del aspecto emocional-afectivo que se impone al psicomotricista en su práctica? ¿Es que solo se puede **hablar** de ello en los ámbitos psicoterapéuticos personales de cada uno? ¿Debe la experiencia corporal quedar ceñida al ámbito de la mera reflexión verbal?

Estamos seguros que no, pero es este es el aspecto de más difícil comprensión para aquellos no iniciados en las prácticas corporales, en las que podemos, provisoriamente, englobar a la práctica psicomotriz.

También es el de más difícil explicación… pero sabemos, ¡es el más necesario de ser explicado!

¿Cómo explicar la necesidad de generar experiencias similares a las que se van a dar luego, al momento en que los estudiantes inicien el ejercicio profesional? ¿Dónde y cómo generar, albergar, contener las vivencias propias y específicas del despliegue lúdico corporal constitutivas del aprendizaje del futuro rol? (Merleau-Ponty, 1994; Bottini, 2006).

Sin duda, ciertas analogías técnicas han resultado útiles en el pasado, pero ellas arrojan más preguntas que respuestas a los ojos y la comprensión del observador externo, y dejan más inermes a los futuros colegas.

Aquello que es propio y distintivo de la práctica psicomotriz, el jugar "cuerpo a cuerpo" en cada sesión, el co-construir la melodía lúdica de cada encuentro, el desplegar la propia disposición emocional-afectiva, y el contener la ajena, es paradójicamente el aspecto más complejo de entender y el menos eficazmente explicado.

La necesidad de sustentar y comunicar esta particularidad de la formación de los futuros psicomotricistas y de la especificidad del ejercicio profesional es y fue una preocupación para aquellos que se dedican a ella.

Es así que podemos ubicar importantes antecedentes de esta temática en publicaciones del campo de trabajo y la enseñanza de la psicomotricidad (Aucouturier, 2004, Boscaini, 2002; Bottini, 2008; Bottini y Sassano, 2000; Papagna, 2000; Sassano, 2003), algunos de ellos, de autoría de quienes generaron este mismo texto que hoy nos toca prologar (Camps Llauradó, 2008; Mila *et al.*, 2000; Mila, 2002, 2007 y 2008c).

Estos antecedentes, que aquí mencionamos en forma incompleta, marcaron el rumbo; pero sin dudas, es el presente texto el que está destinado a constituirse en una referencia ineludible de esta temática.

Su carácter de investigación le da un lugar único, privilegiado, hasta ahora inexistente.

Tiene además, en sí mismo, una característica difícil de lograr: el de la escritura conjunta. Sabemos, los que habitualmente nos dedicamos a comunicar nuestras ideas acerca de la práctica, lo complejo que resulta hacerlo en forma coherente y consistente. Si además le sumamos la decisión de hacerlo en forma conjunta y consensuada, el camino elegido se hace por demás dificultoso.

Salir airosos de esta pretensión es otro de los logros de los autores del presente libro.

Como dijéramos en un principio, es este un texto necesario. Anticipamos en estas líneas su carácter de ineludible referencia futura para todo aquel que quiera en forma seria y profesional sustentar, en la capacitación de los futuros psicomotricistas, la necesidad de una formación específica de base corporal.

Felicitamos a sus autores y los comprometemos a seguir produciendo. No nos pueden privar ahora, que hemos comprendido la riqueza de sus logros y la sabiduría de sus reflexiones, de sus futuros avances en el tema.

Prof. Lic. Pablo Bottini
Buenos Aires, agosto de 2011

Introducción

Desde el comienzo, la Psicomotricidad y los psicomotricistas han puesto su mirada en el cuerpo, especialmente en el cuerpo del otro. Desde siempre, nuestro objeto de estudio ha sido el cuerpo del niño, y hace ya un buen tiempo que también lo es el cuerpo del adolescente, del adulto y del adulto mayor. De hecho, el campo de la Psicomotricidad como disciplina y como profesión se ha ampliado en forma significativa, y las intervenciones psicomotrices son hoy pertinentes a diferentes niveles tanto de la sanidad como de la educación.

Sin embargo, si bien varias corrientes de trabajo en Psicomotricidad han puesto énfasis en la formación corporal del psicomotricista, son muy pocas las publicaciones sobre dicha formación y prácticamente no existen investigaciones al respecto. En este sentido, manifestamos nuestro reconocimiento a la obra desarrollada por Bernard Aucouturier y por André Lapierre, ya que representan las primeras propuestas innovadoras en este ámbito de formación. Sus trabajos constituyen las raíces y el origen de la formación personal o el análisis corporal de la relación, respectivamente. Nuestra formación inicial se vincula fundamentalmente a la Práctica Psicomotriz de B. Aucouturier y al Psicoanálisis. A partir de estos inicios, hemos ido desarrollando, profundizando, cuestionándonos e investigando sobre la formación corporal y personal del psicomotricista. Es importante reconocer los aportes que a nuestro trabajo han realizado desde siempre, los compañeros Miguel Llorca, Fina Sánchez, Joaquim Serrabona y Pedro Pablo Berruezo, de España, y Dayse Campos de Souza y Suzana Veloso Cabral, del Brasil, quienes desde sus posturas y concepciones se han ocupado del trabajo corporal, discutiendo y apoyando nuestra labor.

Desde hace más de quince años los integrantes de este grupo de investigación nos encontramos trabajando en la temática de la formación corporal específica de los psicomotricistas. Y desde ambas universidades hemos realizado un recorrido teórico y práctico intentando mantener un planteamiento de coherencia a este nivel. Para nosotros es evidente la necesidad de trabajar en las diferentes vertientes de la formación del psicomotricista, es decir, la formación teórica, la formación práctica (técnico-profesional) y la formación corporal específica. Son los tres pilares de un recorrido que implica una construcción en tres tipos de competencias: la elaboración de conceptos y teorías, la adquisición de estrategias y herramientas metodológicas para la intervención y el desarrollo de actitudes y valores que pretenden, a través de un trabajo con el propio cuerpo y en interacción con otros compañeros, el cambio de la persona. Se trata, por tanto, de una formación en tres dimensiones profundamente interrelacionadas, que se articulan desde el sujeto y su historia personal, una historia de relación vivida con los otros y que se reactualiza en su quehacer profesional.

Por ello se hace necesaria la labor que debe hacer cada persona, para lograr la permanente articulación entre el trabajo realizado en los diferentes espacios de formación. Esta es una tarea dinámica, dialéctica y siempre inacabada, que merece la continua revisión y el constante cambio.

La formación por vía corporal debe dirigirse a construir el rol del psicomotricista, dotándolo de herramientas para entender al otro en su expresividad tónico-emocional, para decodificar y dar sentido a las señales del cuerpo, del gesto y del hacer del otro. La construcción del rol del psicomotricista a través del trabajo corporal compromete la totalidad de la persona. La formación corporal y personal ofrece al futuro psicomotricista la oportunidad de vivir un descubrimiento de su dinámica personal, aprehendida a través de la gestualidad, las implicaciones con el espacio, con el material y con las otras personas del grupo, para derivar en un cambio personal hacia la capacidad de comprender mejor al otro y a sí mismo, hacia la capacidad de escuchar, aceptar y contener al niño o persona con la que va a trabajar, y ayudarlo en su crecimiento integral. La formación personal parte de la persona y tiende a su cambio y transformación.

De ahí que sea pertinente preguntarnos: ¿es posible pensar que la formación del psicomotricista, profesional que realiza diferentes intervenciones psicomotrices a través de la mediación corporal, puede realizarse sin contemplar su formación corporal específica? O mejor aún: ¿cómo se implementa la formación corporal específica del psicomotricista?

Parte de esos interrogantes se han abordado y han sido trabajados en el proceso de investigación, y forman parte de esta publicación. Para nuestro equipo, y para la docencia en cada una de nuestras universidades, dicho proceso ha sido movilizador y fundante en varios sentidos, en tanto implicó múltiples niveles de trabajo: revisión bibliográfica, entrevistas a expertos, análisis de la implementación de la formación corporal en cada uno de nuestros centros del estudio, supervisión, definición de las competencias específicas, evaluación de las competencias, revisión de la evaluación del proceso de cada estudiante y de cada grupo de formación e implementación de nuevas formas de llevar a cabo nuestra tarea.El presente libro intenta ser un registro de este proceso de trabajo, que por cierto continúa, y en el que apostamos a seguir produciendo.

El libro se estructura en once capítulos. En el capítulo 1 se contextualiza el proyecto de investigación y docencia, financiado por la Agencia Española de Cooperación Internacional para el Desarrollo (AECID), Ministerio de Asuntos Exteriores y Cooperación (Convocatorias 2008-2009), con el título: *"Constitución de un grupo de trabajo, investigación y docencia para la formación corporal y personal de los estudiantes de Psicomotricidad de la Universidad Rovira i Virgili (Tarragona – España) y de la Universidad de la República (Montevideo - Uruguay)"*. Se presenta también la formación corporal y personal de ambos grupos de trabajo, los orígenes de nuestra propia formación y la trayectoria de la psicomotricidad en las titulaciones de grado y postgrado de ambas universidades.

En los capítulos 2 a 6 se describen las características de la formación que llevamos a cabo desde hace años en nuestras universidades. Se desarrollan los aspectos vinculados al encuadre del trabajo de formación corporal y personal del psicomotricista (capítulo 2), las competencias de dicha formación (capítulo 3), la metodología que se sigue en las sesiones (capítulo 4), el material que se utiliza en las mismas (capítulo 5), y las propuestas de trabajo en las sesiones de formación corporal y personal (capítulo 6). En estos capítulos, se hace referencia tanto a los aspectos corporales (sensaciones, tono, movimiento, mediadores de comunicación…) como a los procesos psíquicos implicados en dicha formación.

El capítulo 7 se centra en la evaluación de las competencias, anotando requisitos éticos, indicadores e instrumentos de evaluación. El capítulo 8 plantea la cuestión de la formación corporal/personal como instrumento terapéutico, incidiendo en los efectos terapéuticos de esta formación, que no pueden confundirse con una terapia propiamente dicha. El capítulo 9 se sumerge en la representación simbólica y los mecanismos psíquicos implicados en la misma. El capítulo 10 aborda los aspectos bioéticos de la formación y el proceso de supervisión. Se dedica el último capítulo (11) a la vinculación del trabajo que realizamos en la formación corporal en psicomotricidad con el desarrollo de actitudes y valores en la formación universitaria.

Para finalizar esta introducción, queremos expresar nuestro agradecimiento a Pablo Bottini por aceptar escribir el prólogo a este libro. Sus trabajos y escritos en el campo de la psicomotricidad son sobradamente conocidos, así como su defensa de la profesión y rigor en la investigación. Sus palabras alentadoras nos animan a seguir trabajando sobre la formación y continuar creando puentes de colaboración.

El grupo de autores de este trabajo quiere agradecer también a los numerosos colegas de profesión, a ambos lados del océano, junto a los cuales hemos ido perfilando esta profesión y construyendo los caminos de la formación. Con ellos hemos compartido, discutido y creado a lo largo de nuestras trayectorias. De todos hemos aprendido.

Asimismo, el equipo de la Licenciatura de Psicomotricidad agradece a Pilar Arnaiz por el apoyo brindado a nuestro crecimiento académico.

Despedimos el libro con la voz de nuestros estudiantes. Creemos que sus palabras reflejan de forma clara lo que para ellos ha supuesto esta formación. Les damos las gracias por haber compartido con nosotros su transformación y por prestarnos sus vivencias para cerrar este texto sobre un trabajo que nos apasiona y nos emociona, y a través del cual seguimos aprendiendo.

Cori Camps, Juan Mila, Lola García,
Mariela Peceli e Inés Tomás

CAPÍTULO 1

Contextualización del proyecto de investigación y del trabajo de formación corporal y personal en ambas instituciones

Cori Camps, Juan Mila, Mariela Peceli
y Lola García

1. Contextualización del proyecto de investigación

Este libro surgió a partir del Proyecto de Investigación y Docencia que hemos desarrollado los equipos del Master de Terapia Psicomotriz del Departamento de Psicología de la Universidad Rovira i Virgili (Tarragona, España) y la Licenciatura de Psicomotricidad de la Escuela Universitaria de Tecnología Médica de la Facultad de Medicina, de la Universidad de la República (UDELAR) (Montevideo, Uruguay) y que fue financiado por la Agencia Española de Cooperación Internacional y Desarrollo (AECID).

El título del Proyecto es: *"Constitución de un Grupo de Trabajo, Investigación y Docencia en la Formación Corporal y Personal de los estudiantes de Psicomotricidad de la Universidad Rovira i Virgili (Tarragona, España) y la Universidad de la República (Montevideo, Uruguay)"*. La ayuda fue concedida en la convocatoria 2007 para desarrollar el trabajo de constitución del Grupo de Investigación y Docencia en la Formación Corporal y Personal, de ambas universidades, durante el año 2008 y, después de concursar por la renovación del Proyecto en la convocatoria 2008, nos fue otorgada una nueva ayuda para desarrollar la investigación durante 2009.

Los responsables de la investigación han sido: la Dra. Cori Camps, por parte de la Universidad Rovira i Virgili (URV) y el Prof. Lic. Juan Mila, por parte de la Universidad de la República. El equipo investigador ha estado conformado por: la Dra. Lola García y la Dra. Inés Tomás, por parte de la URV, y la Prof. Adj. Lic. Mariela Peceli y la Prof. Agda. Lic. Rosario Tuzzo, por parte de la UDELAR. Esta última participó en el proyecto el primer año y durante el primer semestre del segundo año.

Dicho esto, pasamos a contextualizar, en primer lugar, la trayectoria de colaboración entre ambas universidades. A continuación describiremos los objetivos, cronograma e impacto del proyecto de investigación, cuyos resultados aparecen en este libro.

1.1. Trayectoria de colaboración entre ambas universidades

El vínculo entre el Departamento de Psicología de la URV y la Licenciatura de Psicomotricidad de la Escuela Universitaria de Tecnología Médica (Facultad de Medicina, Universidad de la República) tiene múltiples antecedentes:

- Desde hace ya nueve años han existido diferentes niveles de intercambio y colaboración entre el equipo docente del Master en Psicomotricidad del Departamento de Psicología de la URV y el Equipo de Investigación y Docencia en la Formación del Rol del Psicomotricista a través del Trabajo Corporal de la Licenciatura de Psicomotricidad de la Escuela Universitaria de Tecnología Médica, Facultad de Medicina, Universidad de la República (UDELAR). En un principio a través de intercambio de bibliografía y trabajos científicos, producto de los Equipos de Trabajo en la Formación Corporal Específica del Psicomotricista de ambas instituciones.

- El Prof. Lic. Juan Mila, director de la EUTM (2002-2010) y profesor-director de la Licenciatura de Psicomotricidad, y coordinador del Equipo de Investigación y Docencia en la Formación del Rol del Psicomotricista a través del Trabajo Corporal (UDELAR), realizó, en primera instancia, dos visitas a la Universidad Rovira i Virgili, la primera en el año 2006 y la segunda en 2007. Durante sus visitas impartió seminarios a los estudiantes del Master en Terapia Psicomotriz y al mismo tiempo se procedió a diseñar un proyecto de investigación conjunto entre ambas universidades. En los años siguientes (2008, 2009 y 2010) trabajó en la URV para el desarrollo de los dos Proyectos de Investigación AECID, y a finales de 2010 y principios de 2011 para trabajar en la elaboración de este libro.

- La Dra. Cori Camps, decana de la Facultad de Educación y Psicología de la Universidad Rovira i Virgili (2000-2008), y la Dra. Lola García, ambas profesoras del Departamento de Psicología de esa universidad, participaron en actividades académicas organizadas por la Licenciatura de Psicomotricidad de la EUTM en Montevideo, Uruguay, durante el año 2007. Posteriormente, en 2008, la Dra. Camps, la Dra. García y la Dra. Inés Tomás participaron en el 1º Congreso Mundial de Psicomotricidad que tuvo lugar en Montevideo y trabajaron en la Licenciatura de Psicomotricidad de la EUTM, Facultad de Medicina, Universidad de la República, en el Proyecto de Investigación.

- En el 1º Congreso Mundial de Psicomotricidad de Montevideo (Uruguay), organizado por la Red Latinoamericana de Universidades con Formación en Psicomotricidad, realizado en Montevideo en el año 2008, el Equipo de Investigación de ambas universidades presentó los avances de la investigación.

- En ese mismo año, las profesoras Mariela Peceli y Rosario Tuzzo, de la Universidad de la República, viajaron a la URV para trabajar en el Proyecto de Investigación.

- Por último, en 2009 la Dra. Camps viajó a la Universidad de la República para el desarrollo del Proyecto de Investigación y la visita a distintas instituciones en las cuales están insertas las diferentes prácticas técnico-profesionales de los psicomotricistas profesores de la Licenciatura de Psicomotricidad de la UDELAR.

Además, podemos destacar los siguientes aspectos comunes:

- En el año 2007 se firmó un Convenio de Cooperación entre ambas universidades a partir del trabajo conjunto desarrollado a nivel del Equipo de Investigación y Docencia en Psicomotricidad.

- La *Revista Iberoamericana de Psicomotricidad y Técnicas Corporales*, única publicación periódica arbitrada de la especialidad, presenta publicaciones de profesores de ambas universidades.

- Publicaciones de profesores de la URV son bibliografía de referencia en los contenidos curriculares de la Licenciatura de Psicomotricidad de la EUTM.

- Asimismo, publicaciones de profesores de la Universidad de la República son bibliografía de referencia en los contenidos del Master en Psicomotricidad de la URV.

- Participación conjunta de los profesores de ambas universidades en congresos de psicomotricidad tanto en España como en Latinoamérica.

- Participación conjunta de los profesores de ambas instituciones en la redacción de la "Declaración de Punta del Este" (www.psicomotricidad.fmed.edu.uy), en septiembre de 2006, en el marco del Primer Encuentro de Académicos Iberoamericanos de Psicomotricidad, organizado por la Red Latinoamericana de Universidades con Formación en Psicomotricidad.

- La Formación Corporal y Personal Específica del Psicomotricista, (ámbito de investigación, de la ayuda concedida por AECID), es una formación que pretende dotar a los estudiantes de Psicomotricidad de las herramientas procedimentales necesarias para el desarrollo de la labor educativa y clínica en Psicomotricidad. Esta formación se encuentra prevista a nivel de postgrado en el Master de Psicomotricidad de la Universidad de Rovira i Virgili, y a nivel de grado en la Licenciatura de Psicomotricidad de la Universidad de la República.

- Ambos grupos de estudio cuentan con una larga trayectoria de trabajo en esta área, con diversas publicaciones internacionales.

1.2. Objetivos y cronograma de los dos proyectos de investigación AECID

OBJETIVOS

El objetivo general de la investigación llevada a cabo ha sido profundizar en el sentido, encuadre y dispositivos de la Formación Corporal y Personal específica del Psicomotricista, tanto en la Licenciatura de Psicomotricidad de la EUTM como del Master de Terapia Psicomotriz de la URV.

Si bien existe una gran coincidencia a nivel de los objetivos de formación y la metodología desarrollada en ambas universidades, era importante por un lado profundizar en la construcción de instrumentos de evaluación específicos, estrategias de aprendizaje, comparación de casuísticas diferentes por determinantes socioculturales, y por otro investigar sobre los procesos psíquicos y corporales implicados en dicha formación.

Durante el segundo año del proyecto, el objetivo principal ha sido elaborar las conclusiones a partir del análisis de los materiales recogidos por cada universidad y de los documentos redactados como consecuencia de los encuentros de trabajo entre ambos grupos.

Los objetivos concretos han sido:

- Profundizar e investigar en relación al funcionamiento psíquico implicado en esta formación, tanto en relación a los estudiantes como en relación a los docentes formadores (profesores responsables de la Formación Corporal Específica del Psicomotricista en ambas universidades).
- Construir instrumentos de evaluación específicos, aplicarlos y ajustarlos, con la posibilidad de que otros grupos puedan utilizarlos.
- Analizar el proceso de supervisión de los formadores.

La investigación realizada durante estos dos años nos ha permitido validar nuestras respectivas formaciones en el ámbito de la formación corporal y personal de los alumnos de Psicomotricidad. Para ello hemos profundizado en la evaluación de los estudiantes, de los formadores, del proceso y de los dispositivos de formación. Este proceso ha implicado cambios y reajustes en nuestras formaciones curriculares que han enriquecido nuestro trabajo.

El último objetivo que nos habíamos planteado era poder difundir los resultados de esta investigación mediante la publicación de un libro sobre la temática, que desarrolle contenidos específicos y plantee la posibilidad de replicar la metodología de trabajo.

El resultado del desarrollo de las distintas fases del proyecto ha sido plasmado en esta publicación.

CRONOGRAMA

El desarrollo del Proyecto de Investigación ha constado de las siguientes fases:

Primera fase

- Revisión de experiencias de Formación Corporal y Personal de estudiantes de Psicomotricidad, a nivel de grado y postgrado en España y Latinoamérica, tanto en el ámbito universitario como no universitario.
- Estudio y análisis de los planes de Formación Curricular de ambas universidades, y de sesiones de Formación Corporal de los estudiantes, sobre los aspectos psíquicos y psicomotrices implicados; proceso de registro de la actividad curricular; instrumentos de evaluación del aprendizaje; proceso de evaluación docente.
- Instancias de supervisión en el Master de Terapia Psicomotriz de la Universidad Rovira i Virgili por parte de los profesores de la Universidad de la República (UDELAR).
- Instancias de supervisión en la Licenciatura de Psicomotricidad (UDELAR) por parte de los profesores de la Universidad Rovira i Virgili.
- Contraste de los objetivos a conseguir con los estudiantes y los procesos metodológicos utilizados. Estudio de las competencias a desarrollar. Recogida y análisis de datos e interpretación de resultados.

Segunda fase

- Estudio y análisis de sesiones de Formación Corporal y Personal sobre los aspectos psíquicos y psicomotrices implicados en el trabajo, proceso de registro, instrumentos de evaluación del aprendizaje, proceso de evaluación docente, instancias de supervisión en la asignatura de

Formación Corporal en la Universidad de la República por parte de profesores de la Universidad Rovira i Virgili. Evaluación y proceso de supervisión.

Tercera Fase

- Revisión y conclusiones de los datos recogidos y analizados a partir de la investigación desarrollada en el año 2008 por el grupo y evaluación del proceso. Profundización y conclusiones en relación a los procesos psíquicos implicados en la formación personal y corporal del psicomotricista, tanto a nivel del formador como del estudiante. Creación de instrumentos de evaluación de los estudiantes, de los formadores, del proceso y de los dispositivos de formación.

Cuarta fase

- Elaboración de las conclusiones para el cambio y la revisión de las prácticas docentes. Redacción de la memoria del proyecto y difusión de los resultados en un libro.

1.3. Impacto del proyecto

El impacto global del Proyecto de Investigación y Docencia se evidencia tanto en la mejora de la calidad formativa y docente de los profesores de las universidades uruguaya y española, como en la posibilidad posterior de desarrollar acciones conjuntas de docencia e investigación, así como movilidad de profesores y estudiantes. De momento, para facilitar este intercambio ya se concretó la transformación del "Master en Terapia Psicomotriz" de la URV, en el "Master Internacional en Terapia Psicomotriz" de dicha universidad.

A nivel institucional, el proyecto ha permitido la profundización de los conocimientos y procedimientos de los profesores de ambas universidades, compartiendo la investigación y formación desarrollada en ambas instituciones sobre formación corporal y personal.

Por otra parte, la Licenciatura de Psicomotricidad de la EUTM es miembro fundador de la Red Latinoamericana de Universidades con Formación en Psicomotricidad, por lo que este proyecto seguramente será un referente para ser replicado por otras universidades latinoamericanas. El trabajo puede ser un referente para los profesores que se dedican a la Formación Corporal y Personal del Psicomotricista.

Asimismo, es de destacar que en la Licenciatura de Psicomotricidad de la UDELAR ha existido, a partir del presente Proyecto de Investigación y Docencia, la solicitud de personas de comenzar la formación como Formadores en el Trabajo Corporal Específico del Psicomotricista.

2. Contextualización del trabajo de formación corporal y personal en ambas instituciones

El trabajo de formación corporal y personal para la capacitación del futuro profesional de la Psicomotricidad está enmarcado en un contexto institucional distinto en la Universidad Rovira i Virgili (URV, Tarragona) y la Universidad de la República (Montevideo). Esta diferencia a nivel institucional hace que algunos de los aspectos que desarrollamos en el libro sean distintos en ambas formaciones, puesto que el contexto en cuanto a la formación previa de los alumnos, formación de grado o postgrado, facultad en la cual están insertos los estudios, y otros condicionantes, requieren un tipo de ajuste distinto en cuanto a la formación personal por vía corporal. Por ello, creemos importante contextualizar ambas formaciones en Psicomotricidad.

2.1. Formación en Psicomotricidad en la Universidad de la República

La Universidad de la República Oriental del Uruguay (UDELAR) es una universidad pública, gratuita y autónoma a la cual acceden los estudiantes después de haber completado el ciclo secundario. Sus autoridades se eligen democráticamente por voto secreto de los tres órdenes que la cogobiernan: egresados (profesionales), docentes y estudiantes.

La Licenciatura de Psicomotricidad es una de las dieciocho carreras de la Escuela Universitaria de Tecnología Médica de la Facultad de Medicina de la UDELAR. Esta carrera existe desde el año 1978, y el perfil de egreso del Licenciado en Psicomotricidad es el de un profesional liberal que tiene su campo de acción profesional tanto en el ámbito de la educación como en el ámbito de la salud. La formación se realiza inserta en los diferentes servicios clínicos y asistenciales de la Facultad de Medicina, de la Administración Nacional de Educación Pública, del Ministerio de Salud Pública, del Ministerio de Desarrollo Social y del Banco de Previsión Social; también se concurre a otras instituciones en el marco de convenios específicos.

La Licenciatura se desarrolla totalmente en Montevideo, y además tiene una sede en la ciudad de Paysandú, a 400 km de la capital; en esta segunda sede, los estudiantes pueden cursar solamente hasta tercer año, debiendo completar la carrera cursando cuarto año en Montevideo.

Los docentes de la Licenciatura cumplen tareas docentes asistenciales en estos servicios, con trabajo asistencial directo con lactantes, niños, adolescentes y adultos mayores, según los servicios y las áreas técnico-profesionales en las que se desempeñan.

La Licenciatura de Psicomotricidad contempla las áreas de formación curricular de Atención Primaria de Salud, Educación Psicomotriz, Diagnóstico y Tratamiento, Clínica del Lactante, y Geronto-psicomotricidad, y Formación del Rol del Psicomotricista a través del Trabajo Corporal.

Como ya hemos dicho, la Licenciatura de Psicomotricidad de la Universidad de la República es miembro fundadora de la Red Latinoamericana de Universidades con Formación en Psicomotricidad. Asimismo edita, conjuntamente con la Asociación de Psicomotricistas del Estado Español, la *Revista Iberoamericana de Psicomotricidad y Técnicas Corporales*, publicación internacional arbitrada de la especialidad.

Desde sus comienzos, la Licenciatura de Psicomotricidad de la EUTM presentó un déficit en la oferta de formación, materializada en la falta de espacios de Formación Corporal. En un inicio esta falta era de esperar dada la orientación que en principio tenía nuestra formación; luego, al ir cambiando nuestra orientación, se convirtió en una verdadera necesidad (Mila, Cherro, de León, García y Peceli, 2000).

En el año 1987 se concreta una acotada experiencia, pero pese a ser una experiencia muy valorada, excepto por el trabajo presentado en las Segundas Jornadas de Psicomotricidad en el mismo año y publicado en la *Revista Uruguaya de Psicomotricidad*, en diciembre de 1988, no quedó ninguna evaluación escrita en la licenciatura. Posteriormente, a principios de la década de los '90, existieron propuestas, desde el ámbito privado de "formaciones", dirigidas a estudiantes, pero desde el año 1987 queda trabada la posibilidad de restablecer la Formación Corporal desde la carrera (Mila, Cherro, de León, García y Peceli, 2000: 66).

A partir del año 1994 comienza una nueva etapa en la Licenciatura, con la apertura anual de la matrícula, con un cupo de ingreso limitado a veinte estudiantes por generación de ingreso, mediante una prueba de selección académica. Con la participación de los estudiantes de las generaciones 1994 y 1995, se comienza a trabajar en la planificación de la Formación Corporal en el marco institucional de la Licenciatura; contamos para ello con la supervisión del profesor francés Bernard Aucouturier. La dirección de la Licenciatura realiza el cambio de los planes de estudio de todas las formaciones universitarias y de nivel terciario superior de Psicomotricistas operado en Latinoamérica y en Europa; asimismo, se realizan entrevistas de trabajo con los responsables de las Formaciones Corporales de Psicomotricistas a nivel de grado y postgrado de diferentes países. También se lleva a cabo la observación del trabajo de Formación

Corporal en diferentes formaciones y países, y se hace un trabajo de revisión de la bibliografía internacional sobre el tema (Mila, Cherro, de León, García y Peceli, 2000: 67).

En el año 1997 se concreta un Seminario de Formación Corporal, coordinado por el profesor B. Aucouturier, dirigido a profesores de la universidad y a egresados (profesionales psicomotricistas). Así mismo, se realizan dos Talleres de Formación Corporal dirigidos a estudiantes de la Licenciatura, coordinados por la psicomotricista Catalina Homar (Barcelona, España).

Es teniendo en cuenta la historia, el contexto institucional y la evolución académica de la Licenciatura de Psicomotricidad de la EUTM, que se conforma en el año 1997 el Equipo de Práctica, Investigación y Docencia en la Formación del Rol del Psicomotricista a través del Trabajo Corporal.

En ese mismo año se realizaron talleres extracurriculares dirigidos a estudiantes de las generaciones '94 y '95, evaluándose la experiencia a diferentes niveles: a nivel de los estudiantes que participaron (en relación a cada uno de ellos y del grupo), y a nivel del grupo de trabajo docente e investigación. Estos talleres fueron el último eslabón antes de la creación formal del área de trabajo específico dentro de la Licenciatura. Esta área y este equipo son, entonces, los responsables de la Formación del Rol del Psicomotricista a través del Trabajo Corporal.

En 1999, a partir del desarrollo académico alcanzado en la carrera y la organización curricular de la misma, se dan las condiciones necesarias para la constitución de un equipo de trabajo para estudiar el proceso de institucionalización del trabajo corporal en la carrera. Este grupo estuvo constituido por el director de la Licenciatura, el Prof. Juan Mila; la coordinadora, Prof. Mariela Peceli; el ex profesor director del Servicio de Psiquiatría Infantil del Niño y del Adolescente del Hospital Pereira Rossel, Dr. Miguel Cherro; y las ex docentes de la Licenciatura, las psicomotricistas Blanca García y Cristina De León, con reconocida trayectoria en la realización de Talleres de Formación Corporal a nivel extra-universitario. El objetivo de este grupo era crear un área específica dentro de la Licenciatura que instrumentara la inserción curricular de la formación corporal.

Se comienza a pensar en voz alta acerca de qué significa la formación personal por vía corporal dentro del contexto universitario; el término "formación personal y corporal" es analizado, ya que no encuadra con los objetivos y expectativas de la formación universitaria, de ahí la reformulación del término; y se empieza a trabajar a partir de la concepción de la construcción del rol del psicomotricista a través del trabajo corporal. Por lo tanto, el énfasis estuvo puesto en el encuadre del trabajo, ya que no es lo mismo hacer esta tarea en la Universidad de la República que en otro ámbito diferente.

El equipo profundizó entonces no solamente en la teoría y la práctica del trabajo corporal, sino además en el encuadre de trabajo, en su metodología, en las evaluaciones, y en las supervisiones de la tarea. El trabajo de la construcción del rol del psicomotricista a través del trabajo corporal es parte del proceso de enseñanza/aprendizaje a nivel universitario, por lo que el encuadre es fundamental.

En el año 2001 se crea un cargo para la coordinación de los talleres que es asumido por la Lic. Cristina de León; al año siguiente, se incorpora como observadora participante la Lic. Mariela Peceli. Luego del alejamiento de la Lic. de León, toma la tarea de formador, el Prof. Lic. Juan Mila, continuando con la tarea de la observación participante la Prof. Adj. Lic. Mariela Peceli.

La Formación se incluyó en el tercer año lectivo de la Licenciatura de Psicomotricidad, año en que los estudiantes deben cursar la práctica técnico-profesional en Educación Psicomotriz. En la práctica psicomotriz educativa, los estudiantes, en un primer momento, participan como observadores, y van ingresando a la Sala de Psicomotricidad a trabajar directamente con los niños.

Los estudiantes de la Licenciatura tienen una gran carga horaria en su formación curricular de grado. Al llegar al tercer año, ya cuentan con un bagaje de conocimientos teórico-prácticos suficientes como para abordar el trabajo con los niños, habilitándose su entrada a la Sala. Se genera así en ellos una demanda, una necesidad del trabajo corporal a nivel de grado.

En la verbalización general en un Taller de Formación del Rol del Psicomotricista a través del Trabajo Corporal, una estudiante dice:

> "Sentía la necesidad de realizar estos talleres, al principio no tenía claro ni por qué ni para qué. Pero al finalizar, le pude dar sentido al contenido teórico y puedo comenzar a realizar una integración entre la teoría, la práctica, y todo lo que a mí me sucedía trabajando en la Sala. Mis miedos, la voz...".

Como ya lo planteamos, este equipo concretó la curricularización a nivel de grado de la Formación del Rol del Psicomotricista a través del Trabajo Corporal en la Licenciatura de Psicomotricidad de la UDELAR.

A nuestro criterio, a partir a la elaboración de un nuevo plan de estudios para la Licenciatura de Psicomotricidad, deben reformularse varios aspectos de la actual formación, en cuanto a duración de la misma, e inserción en el currículum.

Es importante destacar que a partir del año 2011 ha comenzado la Carrera de Especialista en Gerontopsicomotricidad de la Escuela de Graduados de la Facultad de Medicina, carrera de postgrado coordinada por la Licenciatura de Psicomotricidad, el Área de Psicología de la EUTM y el Departamento de Geriatría de la Facultad de Medicina. En el currículum está prevista la Formación Corporal, formación de la que se hará cargo también nuestro equipo. Resulta pues muy interesante desde el punto de vista docente y de investigación educativa, la planificación y evaluación del trabajo a nivel de postgrado en Formación Corporal.

2.2. Formación en Psicomotricidad en la Universidad Rovira i Virgili (URV) (Tarragona)

La formación en Psicomotricidad del Departamento de Psicología de la URV es una formación de postgrado a la cual acceden los alumnos después de una diplomatura o licenciatura (y en el futuro, después de un grado universitario). Pertenece al Departamento de Psicología de la URV y está gestionada por la Fundación de la Universidad Rovira i Virgili (FURV).

Esta formación en masters y cursos de postgrado en Psicomotricidad por parte del Departamento de Psicología tiene una larga trayectoria. En el primer master organizado por la URV (años 1992-1994), el "Master en Técnicas corporales en Clínica y Aprendizaje", una de las tres líneas de intervención trabajadas fue la psicomotricidad, con la triple vertiente de formación que mantenemos en la actualidad (formación teórica, práctica y personal) y estuvo enfocado asimismo tanto al ámbito educativo como clínico. Las coordinadoras éramos dos de les tres coordinadoras del master actual (Dras. Inés Tomás y Cori Camps).

Igualmente en el Departamento de Psicología, a partir del curso 2000-2001 hasta la actualidad, las Dras. Camps, García y Tomás hemos coordinado el Curso de Postgrado: "Especialista Universitario en Intervención Psicomotriz en Clínica y Aprendizaje". En el bienio 2003-2004 y 2004-2005 iniciamos el "Master en Terapia Psicomotriz", con una segunda edición el bienio 2005-2006 y 2006-2007. Durante el curso 2007-2008 adaptamos la estructura del master a los requisitos del Espacio Europeo de Educación Superior (EEES), y el bienio 2008-2009 y 2009-2010 se impartió ya según esa estructura, aprobándose además en Consejo de Gobierno de la Universidad, como "Master Internacional en Terapia Psicomotriz". En el curso actual (2010-2011) se ha iniciado una nueva edición. El total de horas del master es de 1.500 (60 ECTS), y el del Curso de Especialista, 625 (25 ECTS).

El Curso de Especialista Universitario corresponde al primer año del master. Los alumnos pueden cursar sólo el primer año o los dos. En el primer caso obtienen un título de postgrado como Especialistas, y en el segundo un título de Master. Las titulaciones de acceso para poder cursar ambos son: Psicología, Pedagogía, Educación Social, Magisterio, Fisioterapia, Logopedia, Enfermería y Psicopedagogía. Otras titulaciones pueden acceder según la formación y experiencia previa.

Los docentes de ambos cursos de postgrado (Especialista y Master) son psicólogos, pedagogos, psicomotricistas, fisioterapeutas, o maestros, la mayoría de ellos especialistas en psicomotricidad educativa o terapéutica. Participan profesores de otras universidades españolas y extranjeras y profesionales de la psicomotricidad que transmiten su experiencia docente, profesional e investigadora en el ámbito educativo o terapéutico. Otros docentes son psicoanalistas con larga trayectoria profesional. Por último, en el master participan también especialistas en otras técnicas corporales complementarias a la psicomotricidad. El profesor Bernard Aucouturier, creador de la Práctica Psicomotriz y fundador de la Asociación Europea de Escuelas de Formación en la Práctica Psicomotriz (ASSEFOPP), imparte en cada edición del master un seminario como profesor invitado.

Además de la formación de postgrado, en la titulación de Psicología de nuestra universidad hay una asignatura troncal de "Desarrollo Psicomotor" y una optativa de "Intervención Psicomotriz". Ambas asignaturas han formado parte de proyectos de innovación docente y de investigación educativa, concedidos por el ICE (Instituto de Ciencias de la Educación, URV). En la actualidad y con la puesta en marcha del Grado de Maestro en Educación Infantil, se ha incluido una mención en "Educación Psicomotriz", que impartimos conjuntamente los Departamentos de Psicología y Pedagogía.

Las tres coordinadoras del master pertenecemos al grupo de investigación de la URV: *"Intervención psicomotriz y desarrollo psicológico"*, constituido en el curso 2004-2005. Este grupo ha disfrutado de distintas ayudas a la investigación en el ámbito de la psicomotricidad.

La línea teórica en la que se enmarca la formación de grado y postgrado que impartimos en el ámbito de la psicomotricidad, es la línea dinámica de la Psicomotricidad, y en concreto, la Práctica Psicomotriz, que fue iniciada y que tiene como principal representante al profesor Bernard Aucouturier. Nuestra propia formación previa en este ámbito se vincula a la Práctica Psicomotriz y al psicoanálisis.

Nuestra formación y nuestra trayectoria psiocoterapéutica en los ámbitos teóricos y de formación personal integra los conocimientos del psicoanálisis y la psicomotricidad para la comprensión del desarrollo psicológico, teniendo en cuenta tanto los aspectos conscientes como inconscientes del psiquismo y que inevitablemente se ponen en juego cuando trabajamos en psicomotricidad desde la vertiente dinámica.

Contamos también con centros colaboradores (escuelas de educación infantil y primaria, escuelas de educación especial, centros de atención precoz, centros privados de psicomotricidad, centros de acogida, etc.) para la formación práctica de nuestros alumnos. Y desde el curso 2004-2005 hemos desarrollado convenios de prestación de servicios (aprendizaje-servicio), transferencia de conocimientos e investigación aplicada, con escuelas de educación especial, educación primaria y educación infantil, con los que trabajamos en grupos de ayuda con niños que presentan trastornos de la expresividad psicomotriz. La Dra. Lola García, una de las coordinadoras del master, realiza intervención psicomotriz en una residencia de la tercera edad, a través de un convenio de asesoramiento y asistencia técnica con la universidad. Desde 1990 desarrollamos un practicum especializado en Psicomotricidad dentro de la licenciatura de Psicología. Las tres coordinadoras contamos con distintas publicaciones, comunicaciones y ponencias en congresos en este ámbito.

CAPÍTULO 2

Encuadre del Trabajo de Formación corporal y Personal

*Cori Camps, Juan Mila, Mariela Peceli
y Lola García*

> *"Llevar a un adulto a vivir experiencias corporales que remiten a la infancia temprana, que implican experimentar vivencias sensibilizadoras muy primarias, significa revivir situaciones pasadas, a veces dolorosas, en general olvidadas o reprimidas. Por todo esto, el encuadre de trabajo debe ser muy cuidadoso a fin de que resulte suficientemente continente para los participantes"* (Mila, Cherro, De León, García y Peceli, 2000: 69).

La Formación Corporal y Personal del Psicomotricista es una formación específica que debe ser pensada e instrumentada para formar psicomotricistas.

La Psicomotricidad puede ser definida como una disciplina y una profesión de mediación corporal, es por ello que el psicomotricista que interviene desde y con su cuerpo debe poner especial atención a su formación corporal específica que lo habilite a la intervención a través de la mediación corporal.

Si bien las diferentes líneas de trabajo en Psicomotricidad comulgan con ideas comunes, como la globalidad del individuo y la mediación corporal del psicomotricista, no todas se ocupan de la Formación Corporal del Psicomotricista.

La construcción de un encuadre de trabajo claro ha deparado una intensa labor tanto al equipo de la Universidad de Rovira i Virgili como al de la Universidad de la República.

Tal como afirma Dondo (2010), *"en una situación interpersonal como es la del docente con un grupo de formación, se da un proceso que está enmarcado por el encuadre"* (p. 17); el autor cita como elementos fundamentales del encuadre en educación: el rol del educador, los factores espaciales y los factores temporales (tiempos de encuentro, frecuencia, horarios).

La formación corporal y personal en psicomotricidad debe respetar la subjetividad, las necesidades y los tiempos de cada persona; es un trabajo individual dentro del trabajo grupal, creando además un clima de seguridad por parte de los formadores. Este clima de seguridad y de respeto a la ley viene marcado por la estabilidad de las referencias espaciales y temporales, de los participantes, de las normas, de las actitudes y, al mismo tiempo, por las propuestas flexibles en función de la dinámica y evolución del grupo. Esto forma parte del encuadre específico de este trabajo.

Cuando hablamos de encuadre nos referimos, por un lado, a aspectos "formales", o sea el conjunto de normas y condiciones en las que se desarrolla el proceso de formación. Por otro lado, están los aspectos "no formales" que se van construyendo basados en este marco durante el desarrollo de estos procesos de formación.

Los elementos formales a los cuales nos referimos se basan en fundamentos teóricos que tienen que ver con la o las teorías que sustenten el proceso de formación. Puede haber tantos encuadres como teorías o líneas de pensamiento psicomotriz existen.

El formador deberá tener claro y ser consciente de qué tipo de encuadre va a plantear, porque debe ser capaz de sostener el encuadre que plantee; de lo contrario, se correrá el riesgo de que él mismo lo pueda transgredir. Es por esto que los formadores y observadores deben estar capacitados, formados, y tener trabajados sus aspectos personales a través de su propia formación corporal y fundamentalmente a través de su propia psicoterapia.

Cuando hablamos de programación, nos referimos a los lineamientos y orientación de la formación; de ninguna manera nos referimos a un trabajo pautado, preestablecido y rígido, rehén de una planificación inmodificable. En palabras de Mila (2002), "*la formación corporal específica del psicomotricista es un proceso, en tanto implica un tiempo, un ritmo, una programación y una continuidad en el trabajo*".

> "También como resguardo de este proceso, existen elementos del encuadre que lo aseguran y sostienen: la regularidad, periodicidad y duración de las sesiones de trabajo, la constitución del grupo de trabajo, la necesidad de establecer dispositivos de observación y registro, de acordar formas de evaluación, etc." (Mila y Peceli, 2007: 85).

Tal como señalan Mila y Peceli (2007), "*el encuadre nos sostiene, nos rescata permanentemente, y profundiza la especificidad de la intervención del formador a nivel de la formación por vía corporal*" (p. 89). Para Aucouturier (1985), el marco, la regularidad y la coherencia, ofrecen seguridad y garantizan la evolución del grupo, de los alumnos y del formador.

El encuadre es pues fundamental para cualquier formación, y nos atreveríamos a decir que incluso lo es más cuando este proceso implica una movilización de la persona a nivel profundo. Es necesario dejar muy claro el encuadre desde el primer día de la formación, lo cual aportará seguridad y confianza a los estudiantes.

Algunos de los componentes del encuadre son permanentes o invariantes (donde lo invariante es su presencia, asegurando el proceso, en el sentido piagetiano) es decir, permanecen inmodificados a lo largo del proceso de las sesiones; otros aspectos del encuadre, por el contrario, pueden sufrir variaciones, en tanto pueden ser modificables a lo largo del proceso de formación: son los componentes modificables o variables. Veámoslos un poco más en detalle:

- Componentes inmodificables, permanentes o invariantes del encuadre:

  a) Grupo cerrado. Formación en grupo.
  b) Formador / formadores / observadores participantes.
  c) El formador y sus actitudes: el rol del formador.
  d) Encuadre horario (formato temporal: periodicidad y horario).
  e) Espacio donde tienen lugar las sesiones.
  f) Demandas y requisitos a presentar (producciones y trabajos).
  g) Compromiso ético (confidencialidad y respeto hacia los compañeros y formadores).
  h) Es un espacio de formación.

- Componentes modificables o variables:

  a) Propuestas.
  b) Tempo.
  c) Material.
  d) Contexto cultural e histórico del grupo.

A continuación vamos a desarrollar los distintos puntos del encuadre a partir de la trayectoria de ambos grupos de trabajo (URV, UDELAR) y del trabajo de reflexión y puesta en común realizado durante el proyecto de investigación. Cuando el apartado requiera la diferenciación entre ambas universidades, lo señalaremos de forma explícita.

En términos generales, tenemos una primera diferenciación que señalar, en cuanto a la nomenclatura para referirse a esta actividad.

En la Universidad Rovira i Virgili se habla de "Formación Personal". Esta denominación parte de la formación en distintos centros, iniciada por Bernard Aucouturier y descrita en su texto de 1985, en el cual diferencia las tres vertientes para la formación del psicomotricista: formación teórica, didáctica y personal.

Por su parte, en la Universidad de la República la actividad se conoce como "Formación del Rol del Psicomotricista a través del Trabajo Corporal".

1. Componentes inmodificables y permanentes del encuadre

a) Grupo cerrado (grado o postgrado)

Esta formación se vive en y por el grupo. En palabras de Mila, *"es un proceso de formación individual que debe inscribirse en un proceso de formación grupal, donde el grupo sostiene y acompaña el proceso formativo de cada uno de sus integrantes"* (Mila, 2002: 186).

La formación personal y corporal del psicomotricista debe realizarse en un grupo cerrado de participantes. Tal como hemos aclarado en el primer capítulo, esta formación está inscrita en unos estudios de grado en la Universidad de la República y de postgrado en la Universidad Rovira i Virgili, pero el hecho de ser un grupo cerrado, es igual en ambos casos.

Aparte de los condicionantes del encuadre institucional, la exigencia de que el grupo de formación sea cerrado no es para excluir a nadie, sino para asegurar la constitución y continuidad del grupo. Si a un grupo se le incorpora uno o más nuevos integrantes, se constituye un nuevo grupo. Esta situación milita contra la posibilidad de establecer principios bioéticos básicos de cualquier intervención psicomotriz, como son la confidencialidad y la confiabilidad.

Lo mismo sucede con la figura del formador o del observador participante, en tanto ellos mismos constituyen parte del grupo. Es imposible pensar en una formación corporal si el formador no es siempre el mismo durante todo el proceso de trabajo del grupo.

"Pensamos que es imprescindible el plantear un encuadre de trabajo que establezca la necesidad de emprender un trabajo con un grupo cerrado. Esto se fundamenta en la necesidad de vivir un proceso de formación donde se construyen redes de sostenimiento, donde se aprende en diversidad, donde es necesario contemplar producciones diversas en un clima de trabajo, de respeto y tolerancia. Todo esto es posible mediante la constitución de un grupo de trabajo estable, coordinado por una misma persona" (Mila, 2005: 16).

La necesaria profundización e implicación de todos los participantes en este proceso de formación, tanto alumnos como formadores, exige un número reducido de participantes. Aucouturier (1995) enfatiza este aspecto y afirma que un número limitado de alumnos permite llevar las situaciones prácticas y las verbalizaciones con gran facilidad, permitiendo vivenciarlas y elaborarlas de forma adecuada. Un número excesivo de personas dificulta la posibilidad de poder atender a la expresividad psico-motriz y a las manifestaciones del inconsciente de los distintos psiquismos (Camps y García, 2004a). A este respecto, el número de participantes en la URV se sitúa entre 12 y 24 como máximo.

En la Universidad de la República, en cambio, el número se sitúa alrededor de 35 en la Sede Montevideo, y de 15 a 20 en la Sede Paysandú. Esta diferencia entre URV y UDELAR se debe a que al ser en esta última una formación de grado no es posible limitar más la entrada de alumnos, algo que sí es en cambio posible cuando se trata de una formación de postgrado. De hecho, en el curso de especialista y el master en la URV, el número de matrículas es limitado y, además, los futuros alumnos deben pasar un proceso de admisión, a partir de la presentación del currículum y la motivación para cursar el master, así como una entrevista personal.

Creemos que la asistencia a las sesiones de formación personal es muy importante. En la URV, desde el primer día (incluso en el momento de las entrevistas de selección antes de matricularse) se insiste en la impor-tancia de asistir a todas las sesiones (aunque en relación a la evaluación la obligatoriedad es de asistir al 80% de las mismas), tanto por lo que implica para el propio alumno en cuanto a la continuidad de los temas propuestos y la posibilidad de profundización en los mismos, como en relación al compromiso con el grupo general y con su trío de referencia (detallaremos la función del trío en el capítulo sobre metodología). A título de ejemplo, queremos citar el caso de una alumna de la última promoción, que manifestó en la entrevista la imposibilidad de asistir a todas las sesiones, por motivos de trabajo, y se le dijo que era impres-cindible la asistencia al 80% y recomendable al 100%; que en caso de no poder asegurar esta continuidad, no podía matricularse, y se le explicó el por qué de esta exigencia. Habló con las personas con las que trabajaba y propuso asistir sólo por las mañanas a las sesiones de formación personal (tienen lugar un sábado al mes, todo el día), a lo que también se le res-pondió que no era posible. Al final, con un sentimiento de contrariedad no disimulado, hizo cambios en su lugar de trabajo para poder asistir a todas las sesiones. Una vez iniciado el curso, esta misma alumna habló con una de las formadoras, diciéndole que ahora comprendía por qué era necesaria la continuidad en la asistencia y que agradecía la firmeza con la que se lo planteamos. En los dos años de formación, sólo faltó una tarde, en la que tuvo que marcharse por no encontrarse bien.

Como hemos señalado anteriormente, el grupo, junto con los formadores, va a sostener el proceso personal de cada participante, pero además el grupo actuará como una suma de individualidades, constru-yendo un "otro", continente de todos. Es necesaria la construcción de un saber en común a partir de las producciones corporales (Mila, 2007: 85); para ello, tal como hemos mencionado antes, *"es importante que siempre sea un mismo grupo, integrado por las mismas personas que actúen de referente, de sostén y de espejo y bajo una misma coordinación, posibilitándose desde este encuadre la seguridad que habilita la reflexión y el análisis de la tarea"* (Mila, 2008a: 157).

Potel (2010) señala que la aportación del grupo es fundamental para una toma de conciencia de la singularidad de cada uno dentro de la universalidad humana de los procesos puestos en juego durante la formación.

Asimismo, Mila sostiene que

"Es muy importante que el grupo de formación comparta, además del proceso del trabajo corporal específico, los espacios de formación teórica, los espacios de supervisión y los espacios de formación profesional, porque de esta manera se podrán articular en forma más coherente los contenidos de cada espacio de formación y se podrá dotar de mayor coherencia el proceso" (Mila, 2002: 186).

De hecho, es frecuente durante las verbalizaciones que los propios alumnos conecten aspectos de la teoría o de sus prácticas con lo vivenciado en la sesión, y que los formadores aprovechemos para resignificar la teoría o la práctica, ampliar, sugerir o proponer en relación a lo que emerge. Así, por ejemplo, en una de las sesiones, después de un trabajo sobre balanceos, equilibrios-desequilibrios, y a partir de las verbalizaciones de los alumnos, reflexionamos sobre la importancia de la estructura tónico-emocional de la persona, la conexión entre el cuerpo y el psiquismo, y lo contextualizamos en relación a la práctica psicomotriz y con ejemplos que han podido contemplar en sus prácticas con niños.

Lone Frimodt (2006) se refiere también a las implicaciones de la formación corporal en grupo. Para ella, el grupo posibilita la capacidad de cada miembro de expresar sus sentimientos, de sentir sus propios límites –y los límites de los otros–, de poder colaborar, dar o recibir de los otros, de poder ocupar su propio lugar y de poder escuchar. En el grupo, los participantes tienen la posibilidad de examinar cuáles son los pensamientos, las emociones, las sensaciones corporales, que aparecen. Aprenden también que es posible verbalizar los pensamientos y cambiar los estados emocionales. Todos los movimientos, todas las expresiones emocionales, todas las sensaciones son aceptadas, porque esta aceptación crea una confianza en sí mismo.

b) Formador / formadores / observadores participantes:

En este punto vamos a diferenciar entre ambas universidades, porque aunque en esencia el rol del formador es el mismo, el equipo de formadores está constituido de forma distinta y con distintos roles. Nos referiremos en primer lugar a los aspectos diferenciales en ambas formaciones y, a continuación, a los aspectos comunes.

En la Universidad Rovira i Virgili, los grupos de formación personal son coordinados por dos formadoras. El propio proceso de formación personal y académico y experiencia profesional de las formadoras les ha permitido desarrollar una coordinación basada en una doble escucha: corporal y psicomotriz, por un lado, y psicoanalítica, por el otro; proponiendo así un recorrido que recoja las manifestaciones de la expresividad psicomotriz y del inconsciente de los participantes en el proceso de formación. No sería posible el ajuste a las necesidades y deseos de los estudiantes sin una formación de las docentes en relación al propio cuerpo y a la escucha del inconsciente. Esta formación permite la escucha, la empatía, el ajuste, la neutralidad, la disponibilidad y la capacidad de poder contener al grupo y a cada participante.

Durante las sesiones, las propuestas son enunciadas en cada caso por una de las dos formadoras. En general, las propuestas más vinculadas al trabajo corporal y a los distintos aspectos psicomotrices son enunciadas por una, y las vinculadas a las verbalizaciones, a la reproducción simbólica, a los escritos sobre lo vivenciado y al trabajo en el trío, por la otra. Ambas participan en la rueda de verbalizaciones, aunque una de ellas es quien hace señalamientos, devoluciones, preguntas, a partir de la lectura de los aspectos inconscientes que han emergido del trabajo corporal o de las verbalizaciones de los alumnos, y conexiones con la teoría psicoanalítica. Las intervenciones de la otra formadora se refieren más a la expresividad psicomotriz de los alumnos, a la conexión con aspectos teóricos vinculados a la psicomotricidad y a la psicología evolutiva y de la educación, y a la conexión con aspectos de la formación práctica. Esta escucha y resignificación de lo vivenciado y hablado es fundamental para la evolución del grupo y de cada uno de los integrantes.

En cuanto a la Universidad de la República, en primer lugar es necesario volver a señalar que en esta institución la formación se realiza a nivel de grado, con estudiantes que están cursando su formación profesional, en el tercer año de la Licenciatura. Por ello se encuentran haciendo sus primeras aproximaciones a las prácticas técnico-profesionales y aún no han cursado el ciclo clínico. El promedio de edad es de 22 a 23 años, pudiendo alguno de ellos tener mayor edad, y contar con una formación previa (magisterio, psicología, etc.).

El trabajo de Formación del Rol a través del Trabajo Corporal es coordinado por dos docentes (profesores) de la Licenciatura. A lo largo de toda la formación, uno de ellos asume el rol de formador y el otro el rol de observador participante.

El formador debe haber realizado su propia formación a múltiples niveles, no solamente a nivel teórico-práctico en su práctica profesional, sino que debe haber completado su formación a nivel de su propia formación por vía corporal específica del psicomotricista. Debe tener experiencia profesional en los diferentes niveles de intervención psicomotriz, pero fundamentalmente a nivel de la coordinación de la formación del trabajo corporal de psicomotricistas, debe contar con trayectoria docente, debe supervisar su trabajo y debe tener su propio proceso psicoterapéutico psicoanalítico. *"Este trabajo debe entenderse como una verdadera especialidad dentro de la disciplina"* (Mila, 2008a).

Parte del rol del formador es el de asegurar el espacio de Formación del Rol del Psicomotricista a través del Trabajo Corporal. Para ello utiliza diferentes estrategias y herramientas de intervención (que se describirán más adelante).

Este espacio debe ser concebido como un espacio de intervención psicomotriz, de formación, y jamás debe confundirse con un espacio terapéutico.

En cuanto al observador participante, éste debe contar con los mismos niveles de formación descritos para el formador. Cumple varias funciones, entre ellas, la de registrar el trabajo, tanto de los estudiantes participantes como el trabajo del formador. Está en sintonía y comunicación con el formador, y en observación de la interacción de éste con el grupo, desde una mirada más periférica, sosteniendo el proceso desde ese lugar. Tiene otra mirada, o mejor dicho, aporta una mirada más a la hora de reflexionar y analizar las tareas propuestas por el formador, luego interviene en las verbalizaciones grupales, contribuyendo en las conceptualizaciones de lo trabajado.

Si bien en estos espacios pueden surgir contenidos inconscientes, tanto individuales como grupales, ni el formador, ni el observador participante trabajan sobre esos aspectos. Se da lugar a que se expresen, pero no se trabaja sobre ellos puesto que, como decimos más arriba, este espacio es un espacio de formación, de aprendizaje, y no un espacio terapéutico. Como veremos más adelante, todo espacio de formación a nivel del proceso de enseñanza-aprendizaje puede tener efectos terapéuticos, y esto es más evidente en la Formación Corporal, dado que trabajamos con el cuerpo. Pero claramente ese no es nuestro objetivo.

El observador participante constituye un invalorable sostén en el trabajo del formador, puesto que esta es una verdadera labor en equipo. Durante el desarrollo de las sesiones de trabajo corporal, en forma permanente, mediante la mirada, el gesto y la palabra, aporta al trabajo conjunto, a partir de su función de espejo. El registro realizado por el observador participante en diferentes soportes (escritos, fílmico, o fotográfico) es imprescindible a la hora en que el equipo se reúne para planificar, revisar y supervisar el trabajo.

Los roles del formador y del observador participante frente a cada nuevo grupo son producto de una verdadera construcción, no es algo dado y mucho menos puede ser algo impuesto. Es el resultado del interjuego transferencial entre el formador, el observador participante, cada uno de los participantes y el grupo.

Un aspecto que hemos considerado y trabajado es que el equipo de la UDELAR está constituido por un formador hombre y una observadora participante mujer, lo que constituye una variable de género que aporta aspectos interesantes al trabajo.

La docente de la Licenciatura de Psicomotricidad Lic. Noelle Fostel, que comenzó en el año 2010 su proceso de aprendizaje como formadora en FRPMTC observando el trabajo desarrollado en la Sede Paysandú de la UDELAR por el Prof. Juan Mila como formador y de la Lic. Mariela Peceli como observadora participante, en su memoria final (trabajo inédito) plantea:

"El coordinador será quien guía de manera explícita al grupo. Él es quien verbaliza las propuestas, comienza y delinea los momentos de intercambio. A simple vista sería el responsable del desarrollo de la actividad marcando tiempo, espacio, materiales, propuestas. Está a la escucha del grupo total y de los procesos individuales, y a partir de esta lectura irá dibujando los intercambios y las futuras propuestas.

Pero si afinamos nuestra mirada encontramos al observador participante, alguien que registra lo ocurrido la mayor parte del tiempo, observa al coordinador, al grupo y el vínculo que se establece entre ambos. Este observador durante las actividades no verbaliza sino que sus intervenciones serán en los momentos de intercambio y generalmente girarán en torno al tendido de puentes, líneas de pensamiento que permitirán articular las vivencias y reflexiones surgidas con otros ámbitos y espacios de práctica. El observador participante, al no ser el guía explícito del grupo, y al no tener que mantener una escucha y lectura permanente, puede posicionarse desde un lugar que le permite entrar y salir de las actividades e intercambios, tomar distancia y poder observar tanto los procesos grupales como individuales desde una óptica más panorámica. Esta posibilidad de distanciación de lo que acontece en el mismo momento que está aconteciendo aporta información muy relevante tanto para el proceso del grupo como para la planificación junto al coordinador de las nuevas propuestas y actividades. Asimismo, cumple un rol de anclaje a la realidad y de rescate, especialmente al coordinador, de situaciones donde los procesos transferenciales y contratransferenciales puedan tomar un giro inesperado.

El trabajo del equipo de formación se vislumbra tanto antes, durante como después de cada taller. Antes, aportando la lectura grupal de cada uno, pensando estrategias de trabajo, necesidades individuales y grupales y contrastándolas con el currículo que se debe abordar. Durante los talleres otros mediadores de comunicación se despliegan entre ambos, miradas, gestos y expresiones les permitirán estar conectados, comunicados y guiar el taller de forma conjunta, por más que sea el coordinador el que lo haga de forma explícita. En los momentos de intercambio durante los talleres, las intervenciones verbales del observador fueron vivenciadas en nuestro caso como una «voz en off», o sea, como relator y articulador con otros espacios de lo sucedido como describíamos anteriormente, pero distinto al coordinador ya que su forma de decir explicitaba otra distancia de lo acontecido. Por último, luego de cada taller los intercambios de información, de lecturas, de emociones y de sensaciones de ambos participantes les permitirá reflexionar acerca del proceso de formación del grupo y de las individualidades, así como la planificación y la organización de las próximas instancias".

Para cerrar este apartado, mencionaremos los aspectos comunes en ambas instituciones.

Un aspecto compartido entre ambos grupos, es que una de las formadoras toma anotaciones de lo que emerge en las ruedas de verbalización, después del trabajo corporal. Estas anotaciones, junto con el diario/memoria que cada uno de los formadores hace al finalizar la sesión de formación personal, recogiendo los aspectos más significativos que han sido trabajados, sirven a posteriori para hacer conjuntamente el análisis de la sesión y preparar los siguientes encuentros en función de lo que ha aparecido en el trabajo corporal, en las verbalizaciones, posibles resistencias y dificultades, etc.

"Este dispositivo permite plantearnos la continuidad en el proceso de formación, nos permite reconocer momentos, planificar estrategias y evaluar en forma permanente el desarrollo del trabajo", sostiene Mila (2005: 16). Se trata de un proceso de supervisión de las sesiones que incluye también un proceso de supervisión de los formadores.

Por otra parte, la forma de plantear las propuestas, los cambios y la evolución de las mismas en función de las acciones del grupo, es igual en ambos casos, tal como veremos en el capítulo 6 (propuestas).

Como ya hemos insinuado, y como veremos más adelante (capítulo 8), este espacio debe ser concebido como un espacio de intervención psicomotriz, de formación, y jamás debe confundirse con un espacio terapéutico.

El formador debe tener una capacidad de observación, de análisis y de reflexión sobre lo que acontece en el desarrollo del trabajo corporal propuesto, para poder intervenir adecuadamente sin transgredir el encuadre y garantizar el proceso de formación-aprendizaje. A partir del trabajo corporal se establece la necesidad de llevar lo vivido al plano de la representación, siendo una instancia imprescindible la verbalización grupal de lo trabajado, espacio donde, una vez más, se pueden aportar elementos desde las concepciones teóricas que sustentan nuestra intervención psicomotriz.

c) *El formador y sus actitudes: el rol del formador*

Como ya fue mencionado, el rol del formador se construye. Es preciso dejar claro desde el principio su rol para evitar la confusión. Tal como señalaremos en el capítulo 3 (competencias), el formador es la persona que marca los tiempos, las propuestas, acoge las producciones personales y grupales, y facilita la toma de sentido sobre el trabajo que realizamos, enlazándolo con la formación teórica y práctica; no se confunde con el grupo ni realiza propuestas que después no logrará canalizar o sostener.

Es fundamental para la evolución del grupo, la *disponibilidad de los formadores*, que tengan capacidad de *escucha, empatía tónica, disponibilidad* corporal y emocional, que sepan contener y segurizar al grupo y establecer de forma clara las normas, los límites. Es muy importante la capacidad del formador para descentrarse y escuchar a los participantes, su expresividad, sus actitudes, sus verbalizaciones.

La escucha se refiere a la capacidad de descentrarse hacia los estudiantes. Igual que ocurre en la práctica con los niños o las personas con las que va a trabajar el psicomotricista, en este caso, el formador ha de ser sensible a la emoción de los participantes, pero sin dejarse invadir por ella, ayudándoles a evolucionar a partir de la relación afectiva que se produce. Esta actitud posibilitará que se sientan acogidos, respetados y comprendidos, y favorecerá su expresión, porque se encontrarán confiados. Vamos a escuchar a los estudiantes a partir de su expresividad psicomotriz, considerando una serie de parámetros que nos permitirán un mayor análisis de su expresividad (la relación con el material, con el espacio, con el tiempo, con los otros compañeros y con el adulto) (Camps, 2005).

Podemos observar en esta escucha su analogía con lo que en psicoanálisis denominamos *atención flotante*, que implica un escuchar sin juzgar, censurar, ni criticar (Camps y Tomás, 2003).

Al hablar de la escucha, debemos referirnos también a la *autoescucha* del psicomotricista, a su capacidad para ser consciente de su actitud a lo largo de la sesión, de su disponibilidad corporal, de sus cambios y transformaciones tónicas y emocionales.

Para Lone Frimodt (2006) la *empatía* es una condición necesaria para el psicomotricista. Es fundamental para encontrar el equilibrio entre respetar los límites de despliegue de movimiento del sujeto y poder sostener e impulsar una toma de conciencia de movimientos no vividos todavía y resonancias personales a nivel corporal.

Dondo (2010), al hablar de la relación transferencial docente-estudiante, se refiere asimismo a la actitud empática, expresada en la postura del docente para comprender y su disposición a escuchar, como el elemento central del encuadre en el espacio de formación. Es necesaria una actitud de aceptación y de respeto hacia sus sentimientos y actitudes. "*Acogerlo empáticamente crea una atmósfera que disminuye la tensión, el miedo, la agresividad*" (p. 19).

Este proceso de escucha requiere haber pasado por un proceso personal de formación, para ejercer una escucha neutral, sin preferencias, aunque es lógico que, como en toda relación personal, haya mecanismos identificatorios con determinadas personas. Es precisamente el proceso psicoterapéutico previo de los formadores el que garantizará una escucha neutral, y una aceptación de cada participante como es y no como nos gustaría que fuese, pudiendo al mismo tiempo comprender aquello que nos llega de cada uno y que tiene que ver con nuestra historia y nuestra manera de ser, para no proyectar ni censurar.

Esta escucha será posible también a partir de los parámetros de la expresividad psicomotriz de cada estudiante: la voz, el gesto, la mímica, la mirada[1].

Cuando el formador está *disponible*, se va estableciendo entre él y los estudiantes un vínculo de confianza y seguridad, tiene efecto en ambos, y el estudiante se siente sostenido. Los estudiantes verbalizan o escriben sobre estos aspectos de seguridad en relación a los formadores, y agradecen su escucha, su disponibilidad, su respeto durante todo el proceso[2].

La disponibilidad tiene que ver también con los sentimientos y emociones, fantasías, imágenes, que mueve el trabajo y la expresividad de los participantes, pero también todo eso que lleva uno mismo en su psiquismo. Hay muchos aspectos que tocan situaciones personales de la propia historia de los formadores. Por ello, es muy importante el trabajo corporal y psicoterapéutico previo de cada formador; asimismo, el hecho de que haya dos formadores: cuando uno de ellos atraviesa una situación difícil, no se encuentra bien, o queda "tocado" por algo que ha acontecido, está el otro formador, que le contiene o que le hace de espejo y que puede sostener al grupo.

---

1   Al respecto, remitimos al lector a Sánchez y Llorca (2008); Camps (2005), entre otros.

2   Como anexo al libro, hemos incluido dos escritos hechos por los estudiantes que nos parecen muy ejemplificadores a este respecto.

Esta formación remite a niveles profundos y arcaicos del psiquismo de los participantes y al mismo tiempo remueve y reactualiza aspectos de la propia historia del formador. Es un proceso de crecimiento también para éste, a condición de que sea capaz de desarrollar un proceso de autoescucha, de poder pensar-se, y también de recoger lo que el otro formador u observador participante le devuelve, dando por supuesto, tal como acabamos de mencionar, que previamente a ser formadores ha existido un trabajo personal a nivel corporal y a nivel psíquico profundo que posibilita este trabajo con los estudiantes.

Todo lo que emerge por parte de los estudiantes a partir de las propuestas del formador, no interviene sólo en el aquí y ahora del que acude a una formación personal, sino también en el aquí y ahora del que la coordina. No es posible acceder al inconsciente de los demás si no se ha accedido al propio: ¿cómo enseñar a leer si uno no ha aprendido previamente? La dinámica de la relación transferencial en las sesiones de formación personal presupone el encuentro con los propios fantasmas. Sólo desde ahí es posible escuchar al otro y acompañarle en su crecimiento (Camps y Tomas, 2003).

Dondo (2010) se refiere a las *relaciones transferenciales* en el vínculo docente-estudiante:

"En toda relación interpersonal el entrelazamiento de las diversas proyecciones acuñará la transferencia afectiva de cada uno de los vínculos. La proyección es un mecanismo inconsciente, a través del cual atribuimos a los otros, que se relacionan significativamente con nosotros, significados que no solamente están en relación con el rol que juegan, sino con el lugar que inconscientemente tienen para nosotros. Si pensamos esta tendencia general de las personas en el proceso de enseñanza y aprendizaje, tendremos que asumir que en el relacionamiento afectivo entre docente y estudiantes, habrá actitudes transferenciales y contratransferenciales. ¿Cómo interpreta el docente los fenómenos transferenciales de sus estudiantes sobre su propia persona? ¿Cómo los juzga? ¿Es consciente de la forma en que los maneja?" (p. 15).

En la relación pedagógica, el desconocimiento de la constitución de este proceso puede generar malos entendidos o, por el contrario, puede ayudar a optimizar dicha relación, repercutiendo en el proceso de formación.

Es imposible que la intersubjetividad no esté presente en la relación con el otro. Resulta por ello imprescindible acceder al propio conocimiento, para evitar distorsiones en la percepción de las relaciones objetales, debidas a los mecanismos de proyección e introyección. Es en función de éstos que atribuimos al otro nuestra propia conflictiva y los mecanismos de defensa que hemos incorporado frente a la misma, para constituirnos como sujetos. En este sentido, será preciso acceder al conocimiento de los avatares de nuestro recorrido pulsional si nuestro deseo es facilitar una formación personal sólida y rigurosa en psicomotricidad (Camps y Tomás, 2003).

El encuadre estará, pues, influido en cada momento por los aspectos afectivos del vínculo y por tanto redefinido en cada situación transferencial (Dondo, 2010).

Tal como afirma Aucouturier (1985), la formación personal del psicomotricista es permanente porque *"debe cuestionarse sus propias proyecciones fantasmáticas que alimentan las propuestas en las cuales implican a los futuros practicantes. Debe asimismo interrogarse acerca de su problemática de seducción y, más generalmente, de manipulación"* (p. 65), lo cual no permitiría la evolución de las personas ni del grupo. Sería muy grave y afectaría de forma irremediable a la formación de los estudiantes, que el formador entrase en una dinámica de seducción y manipulación, confundiéndoles e interrumpiendo en consecuencia su proceso de escucha y aprendizaje.

En este tiempo de formación, el propio alumno y la metodología de trabajo constituyen el centro del proceso, el formador ha de evitar la tentación de protagonismo, la tentación de la interpretación y la teorización alejada de lo que ha surgido por parte de los propios estudiantes, es el propio alumno quien deviene analista y teórico de su propio proceso de formación (Camps y García, 2004a). Las verbalizaciones del formador deben ser ajustadas a los aspectos que emergen desde los propios estudiantes.

El formador debe ser flexible y capaz de ajustar o modificar sus propuestas en función del grupo y de su evolución. A esta capacidad del formador se refiere, desde otra línea de trabajo próxima a la nuestra, Lone Frimodt (2006), diciendo que a veces esta forma de trabajar genera resistencias que obligan al psicomotricista a cambiar la planificación que había hecho. También durante la propia sesión es necesario estar preparado para adaptar el programa en cualquier momento. El psicomotricista debe poder observar las resonancias personales del grupo y por ello escoger un programa que apoye al máximo al individuo y al grupo. Para esta autora, el psicomotricista-formador prepara las planificaciones que conducen al desarrollo y al crecimiento y que proponen la posibilidad para estudiar o para comprender sus sentimientos personales.

Este aspecto de flexibilidad es también esencial para no encerrar a los estudiantes en un proceso rígido y no ajustado a sus necesidades. De hecho, nuestra experiencia nos ha llevado a planificar las sesiones en función de lo que ha ido surgiendo, a nivel grupal e individual, y de las necesidades o el momento en que se encuentra el grupo. Pero en cualquier momento, a partir de la dinámica que va emergiendo en la sesión, podemos introducir un cambio en la propuesta o nuevas propuestas no previstas en la preparación de la sesión. Por ello, hablamos de la importancia de la escucha de cada uno de los estudiantes y del grupo.

> "El formador debe ser creativo tanto a nivel de las intervenciones prácticas como en las articulaciones teóricas y con otros espacios de práctica. No confundamos creatividad con variaciones, ritmo rápido, muchas propuestas, muchos contenidos. Nos referimos a la capacidad de, por ejemplo, frente a ciertas lecturas grupales, encontrar la intervención adecuada (...) o a partir de una misma aparente actividad corporal guiar al grupo para encontrar nuevos espacios de experimentación y creación en todos los niveles (práctico, teórico). El hecho de que el grupo vivencie esta capacidad creadora, transformable del grupo coordinador, va a favorecer la construcción de estos aspectos en el grupo de estudiantes. Dentro del rol del psicomotricista, la capacidad de crear y de transformarse se desarrolla, se construye, se interioriza, por esta razón cada estudiante debe recorrer, conocer y concientizar sus recorridos y sus trayectorias personales de conocimiento para así de esta manera ir desarrollando estas capacidades imprescindibles en la asunción de un rol. En este marco no se enseñan técnicas psicomotrices, sino que se acompañará en el proceso de conocimiento de las capacidades de cada uno para crear, rescatar y utilizar diferentes tipos de intervenciones sobre un marco teórico continente. Asimismo, a lo largo de los talleres irán comprendiendo la manera en que se despliegan estos procesos transformadores y que luego ellos, en sus espacios de práctica, van a desencadenar en otros" (Fostel, 2010).

Retomaremos todos estos aspectos cuando hablemos de las sesiones de trabajo y las propuestas.

d) Encuadre horario

En la Universidad Rovira i Virgili, las sesiones de formación personal tienen lugar un sábado al mes, con una duración de nueve horas cada día (9 a 14 hs y 16 a 20 hs), durante todo el curso (octubre a junio). Este encuentro intenso facilita que el trabajo resulte lo suficientemente prolongado como para que haya una progresión y profundización adecuada. Por otro lado, el tiempo que transcurre entre los encuentros permite la elaboración personal de lo vivido (Camps y García, 2004a). Tal como hemos indicado más arriba, los alumnos deben asistir a un mínimo del 80% de las sesiones. Dentro del encuadre horario, debemos mencionar también la puntualidad para iniciar las sesiones.

En una de las memorias de nuestros alumnos vemos un ejemplo de cómo el tiempo entre los encuentros permite una elaboración de lo que se ha vivido en la sesión:

"Estoy en casa y mientras escribo todas las experiencias de esta sesión, ya tengo ganas de que llegue el día siguiente. Tenía que explicarme, tenía que comunicar a X, que no tenía ninguna intención de generarle malestar, que pretendía que estuviéramos jugando juntas... Aunque sabía que ese no era el trasfondo del problema.

Suerte que pasó un mes para poder pensar y analizar lo ocurrido, sino hubiera caído en el grupo hecha un mar de lágrimas.

El espacio de tiempo me ayudó a poner una distancia emocional a lo ocurrido y me permitió aprender y comparar con otras situaciones anteriores en otros ámbitos. Estoy dispuesta a modificar mi conducta, a ajustarme.

El espacio de tiempo me ayudó a ver que la situación que se produjo me hizo de espejo a una limitación mía.

El espacio de tiempo me ayudó a reflexionar y entender que para poder estar en un grupo es preciso aceptar una verdad evidente: el otro es distinto a nosotros.

El espacio de tiempo por medio me ayudó a reflexionar y entender que una misma proposición general, hace que cada uno la viva de una manera diferente.

El espacio de tiempo por medio me ayudó a entender la frase que Inés (una de las formadoras) comentó en la rueda de verbalización: cada significante puede tener un significado en cada uno de nosotros.

El espacio de tiempo por medio me ayudó a reflexionar y pensar en los niños, en las veces que por mi gusto, por mi placer, podía estar invadiendo un momento suyo, un momento necesario para su evolución.

Comprendí la importancia de la escucha constante, para saber en todo momento cuándo hay que intervenir para ayudar a evolucionar y cuándo hay que esperar en silencio sin invadir".

En relación a la periodicidad de los encuentros de formación personal, en la segunda sesión del último postgrado, al inicio de la misma, en la rueda de verbalización, una estudiante dice: *"parece que haya pasado un año"*. Y otra persona comenta: *"pues a mí me parece que fue ayer"*. Esto nos lleva a hablar de la diferencia entre el tiempo lógico y el psicológico.

Tal como hemos comentado, la formación del Master de Psicomotricidad de la URV dura dos años, durante los cuales hay formación personal un sábado al mes. En relación al encuadre horario, es necesario matizar que en el segundo año tiene una duración mayor que el primero (concretamente, dos encuentros más). Tanto el número de horas como todo el recorrido de formación previo del primer año, favorece que el segundo año se pueda profundizar mucho más en la formación personal, tanto por parte de los formadores como de los propios alumnos.

En tanto que en la UDELAR, al realizarse la actividad como una exigencia curricular de grado, tenemos restricciones en cuanto a la carga horaria total del trabajo (carga horaria de la asignatura Psicomotricidad II según el Plan de Estudios vigente), realizándose la misma a lo largo del tercer año lectivo de la Licenciatura.

El trabajo de Formación del Rol del Psicomotricista a través del Trabajo Corporal se desarrolla en tres talleres de dos días, con una carga de seis horas por día. Esto se realiza paralelamente en los grupos de estudiantes de la Sede Montevideo y de la Sede Paysandú. Asimismo, realizamos un último taller de trabajo corporal en Montevideo, donde se forma un nuevo grupo con la totalidad de los estudiantes de ambas sedes, con la finalidad de fomentar la integración.

Al comienzo de nuestro trabajo, los encuentros eran semanales, tres horas, los viernes de mañana. Vimos que este encuadre de frecuencia y horario interfería con los niveles de disponibilidad de los estudiantes, que de alguna manera no se podían despegar del "afuera" durante un importante espacio de tiempo de las sesiones.

e) Espacio de formación

En el caso de la URV, el espacio donde se realizan las sesiones de psicomotricidad es siempre el mismo: la sala de Psicomotricidad de la Facultad de Ciencias de la Educación y Psicología de la Universidad Rovira i Virgili (ver fotos 1, 2 y 3). Es una sala amplia, cómoda, cálida, que permite vivencias a las personas en un espacio acogedor. Es la misma sala donde tienen lugar las sesiones de educación psicomotriz con los niños de la escuela ordinaria que está en el mismo recinto universitario. También en ella se desarrollan las prácticas de distintas asignaturas curriculares vinculadas a la psicomotricidad de Psicología y Magisterio. Asimismo, se llevan a cabo sesiones de terapia psicomotriz con niños con necesidades educativas especiales de la escuela ordinaria y grupos de niños que están escolarizados en la escuela de educación especial que se encuentra también en la misma zona.

La sala dispone de material fijo (espalderas, escalera horizontal, pizarra, equipo de música) y material móvil (cojines, colchonetas, pelotas de distintos tamaños, telas, bancos, zancos, aros, cuerdas, maderas para construcción, etc.) (ver apartado "material").

Una estudiante dice al inicio de la segunda sesión del master: *"esta sala me impone, no hay normas o éstas son mínimas, no se espera nada de nosotros, que hagamos algo determinado, todo es distinto. Un espacio que no*

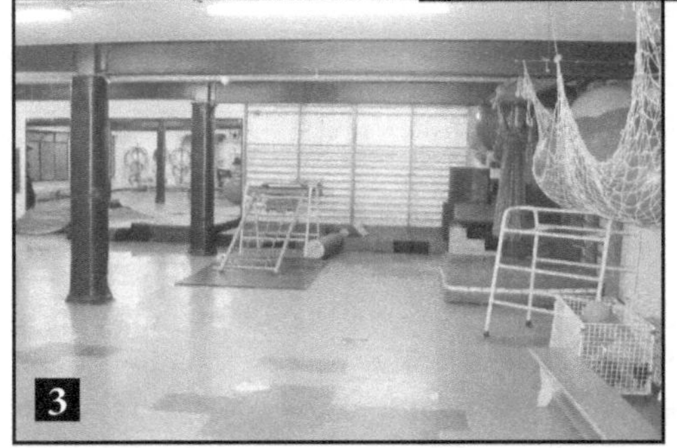

tiene nada que ver con lo que hay fuera. Es una sensación que no domino".
A partir de aquí hablamos del por qué de este espacio y también que las
sesiones de formación personal en esta sala son como un experimento,
no se pueden trasladar a la vida fuera de estas paredes.

En cuanto a la Universidad de la República, a lo largo de los años se
ha ido cambiando los espacios donde se desarrolla este trabajo. En un
principio, en ambas sedes de la universidad –Montevideo y Paysandú–
realizamos este trabajo en salas de Psicomotricidad. Luego, por distintas
circunstancias, disponibilidad de las salas, etc., hemos optado por trabajar
en espacios que no son precisamente salas de Psicomotricidad y que por
lo tanto tampoco tienen, en su interior, materiales pertinentes.

Esta situación, que al principio pudo ser vivida como una dificultad, ha significado, a priori, un desafío para nuestro equipo. Luego ha operado como un verdadero proceso de enriquecimiento, a nivel de la conceptualización del trabajo y de las propuestas de trabajo corporal, obligándonos de hecho a no contar con el material de la sala de Psicomotricidad, que habitualmente es utilizado por los estudiantes en las prácticas técnico-profesionales. A los formadores nos ha obligado a poner mayor atención al cuerpo de los estudiantes, y a los estudiantes los ha ayudado a centrarse en sus producciones corporales y a no refugiarse en "lo que sentiría un niño".

El realizar la FRPMTC en espacios que no son salas de Psicomotricidad nos ha permitido trabajar especialmente sobre el encuadre de la intervención psicomotriz, en la mirada psicomotriz, en el cuerpo del psicomotricista, en definitiva, nos ha ayudado a pensar sobre la formación específica del psicomotricista y los niveles de intervención psicomotriz.

f) Demandas y requisitos a presentar

En la Universidad Rovira i Virgili, la evaluación de la formación personal forma parte de la evaluación global del curso. Dicha evaluación final incluye: un trabajo de aprovechamiento y profundización a nivel teórico, práctico y personal (memoria al final del primer año y proyecto de final de Master al término del segundo año), defensa pública de la memoria y del proyecto, asistencia mínima al 80% de las tres vertientes de la formación, asistencia a las tutorías, informe del tutor de prácticas y del tutor académico y supervisión de las prácticas y de la memoria a lo largo del curso. Se trata de una evaluación continua y de carácter formativo que ayude al alumno a tomar conciencia de sus competencias y limitaciones en su proceso de formación, y tener finalmente una imagen de sí ajustada como psicomotricista y abierta a nuevas necesidades de formación.

El caso específico de la evaluación de la formación personal y, por tanto, de las producciones y trabajos que el alumno deberá elaborar para dar cuenta de su proceso, las competencias que debe desarrollar, los indicadores de las mismas y los instrumentos que utilizaremos para su evaluación, lo desarrollamos en el capítulo 7 (evaluación). De esta evaluación simplemente citamos aquí los instrumentos que utilizamos: registro/control de asistencia, diario/memoria del estudiante de las sesiones de formación personal (que en la memoria final deberá articular conjuntamente con la formación teórica y práctica), análisis de sus producciones durante las sesiones de formación personal, fichas de tutoría y autoinforme final del estudiante.

La elaboración de la memoria cobra una importancia capital. Debe reflejar el proceso de interiorización y toma de conciencia, un tiempo para poner palabras a sus vivencias, volver a reflexionar sobre ellas, articular lo dicho y escuchado en el grupo. Este momento final permitirá una nueva integración con la formación teórica y práctica (Camps y García, 2004a). En palabras de una alumna:

"Acabado el curso, me queda un gusto a felicidad, pero no de desmemoria. Finalizado el trabajo, comprendo que la elaboración de la memoria es parte del proceso (y no tanto el resultado) que iniciamos en octubre pasado. Entiendo la memoria como motor de la intervención hacia un futuro mejor, donde lo arcaico no se queda sin vías por donde circular. Es necesario, pues, que también nosotras echemos un vistazo atrás, para comprender mejor toda esta experiencia. Experiencia con la que retrocedimos en el tiempo, a través de la acción y de la palabra, para redescubrir, entre el olvido, el placer y el miedo a jugar, sin el que no comprenderíamos al niño".

Es una constante a lo largo de los años que llevamos de formación, que los estudiantes se refieran al enorme trabajo que les ha implicado elaborar la memoria, pero también el reconocimiento de que dicha elaboración les ha ayudado a interiorizar de forma significativa los distintos aprendizajes y a hacer muchos más puentes entre la formación teórica, personal y práctica, resignificándolas.

Esta memoria o diario personal del alumno, con las tres vertientes que se contemplan en el ámbito de la formación psicomotriz (teórica, personal y práctica), y que el alumno debe ir escribiendo a posteriori, actúa como un tercero: el alumno, las vivencias que había tenido a lo largo del master y el diario como elemento terciario, en el que reflexionar, pensar y **dar-se cuenta** de lo que le había ido sucediendo a lo largo de su formación (Tomás, García y Camps, 2010).

Veamos a continuación un ejemplo del diario personal de una alumna, en relación a cómo dicho diario puede actuar a modo de un tercero:

"Una alumna dice en su memoria: «*Pasados los meses y releyendo mi escrito en relación al trabajo de la mirada y el ajuste tónico en una sesión de formación personal, me vienen a la cabeza muchas cosas, muchas situaciones con el grupo de niñas de la práctica terapéutica, y aspectos personales. Releyendo esa sesión, me lleva a reflexionar sobre cómo, a través de la mirada, podemos hacer crecer al niño a pasos de gigante. Una simple mirada contiene al niño, lo reafirma, le hace de espejo y le ayuda a constituirse como persona. El niño actúa para otro, y si ese otro no está nunca, se pierden las ganas de hacer, de construir, en cambio, con una simple mirada puedes conseguir que aquel niño siga deseando hacer para poder ser visto y ser reconocido... Desde la distancia puede ser suficiente.*

También experimenté esa sensación otro sábado durante la formación personal. Ese día, cuando yo hacía de niño, me di cuenta inconscientemente de la importancia de la mirada, porque yo miraba para que me mirase el terapeuta». Finalmente, esta alumna asocia esta reflexión sobre la mirada a una sesión de su formación práctica: *«en la sesión del día—— una de las niñas (——) tuvo una crisis y costó tranquilizarla, pero la mirada fue un punto importante para que se tranquilizase... La mirada debe segurizar y ha de permitir conferir identidad»".* (Tomás, García y Camps, 2010).

Otra alumna habla de algo personal en su diario y continua: "*Estoy releyendo el escrito y me ha venido a la cabeza una luz, un por qué me ha tocado tanto esa conversación, si tampoco había para tanto... Esto es: no me gusta defraudar a nadie*".

En el caso de la UDELAR, la Formación del Rol a través del Trabajo Corporal esta integrada en la asignatura Psicomotricidad II, conjuntamente con el Área de Educación Psicomotriz, siendo la evaluación una evolución integrada de ambas áreas.

En lo específico de la formación corporal, las exigencias curriculares, previstas en el plan de estudios y programa vigente, determinan la obligatoriedad de la asistencia por encima del 80%, la evaluación continua (como se verá más adelante), y la presentación de memorias. Asimismo, se evalúan las competencias a adquirir por el estudiante, como se verá en un capítulo posterior.

g) Compromiso ético

Además del compromiso de asistencia y puntualidad, al que nos hemos referido en el encuadre horario, el encuadre de trabajo en formación personal incluye el "compromiso ético". Este compromiso hace referencia en general al respeto hacia los compañeros y los formadores.

Desde el inicio de la formación personal se explicita a los alumnos que se trata de un espacio de alguna forma "experimental", allí ocurren cosas distintas de lo que ocurre en la vida diaria, y esas vivencias y elaboraciones individuales y grupales constituyen el proceso de su formación. Se recalca la importancia de poder ser respetuoso hacia cualquier aportación, propuesta, dificultad, expresión, emoción, producción, de todos los compañeros.

Se explica que no deben sentir miedo por hablar de lo que sienten, que, aunque no sea fácil, es algo que va a ayudarles a cada uno y a todo el grupo a comprender mejor el trabajo que hacemos a nivel corporal, y a comprenderse mejor a ellos y a sus compañeros. De todas formas, todo el mundo es libre de hablar o no, y los formadores respetamos, como no podría ser de otra manera, el momento de cada uno. El respeto a cada individualidad es fundamental y de él depende el que cada participante se sienta autorizado a expresarse, con el sentimiento de ser sostenido por el grupo. El compromiso ético incluye el respeto a la confidencialidad de todo lo que emerge de los otros. Tanto en el trío como en la rueda de verbalización, los alumnos saben desde el inicio de la formación, que no pueden hacer interpretaciones de lo que manifiestan sus compañeros. Sólo preguntas desde el respeto o comentarios relacionados con lo expresado o con la dificultad del compañero, que le den contención, y le ayuden a elaborar lo que ha sentido, vivenciado o hablado. Pero jamás juzgar, censurar o criticar. Para ello va a ser fundamental desarrollar una escucha y una empatía hacia los otros. El compromiso ético incluye también el respeto a los formadores y la aceptación del rol de los mismos, con la asimetría propia de la relación docente-alumno. Sin esta asimetría se crearían confusiones que dificultarían el proceso de formación personal.

La confidencialidad incumbe también a las filmaciones o fotografías que pueden ser tomadas en las sesiones de formación personal. En el master de la Universidad Rovira i Virgili, las formadoras hacemos fotografías y filmaciones en algunos momentos puntuales de las sesiones del primer año. Son siempre momentos que no impliquen intimidad, trabajo de interiorización, etc. Se pacta el primer día de formación personal y se realiza si se cuenta con la autorización de todos los alumnos. La finalidad es tener un registro gráfico de algunas de las situaciones vividas a lo largo del curso. La filmación y las fotografías son registradas en un DVD y un CD, que se entrega a los alumnos al finalizar el primer año de formación, como recuerdo de ese pasaje. La confidencialidad de estos registros forma parte también del compromiso ético del alumno. Durante el segundo año de formación, no hay filmaciones ni fotografías. Creemos que podrían constituir una interferencia en el trabajo mucho más profundo a nivel de implicación corporal y relacional, y de interiorización y profundización personal que exige la formación para la terapia psicomotriz.

Es evidente que pueden surgir situaciones conflictivas entre algunos de los alumnos. Ahí deberá intervenir el formador para que esos conflictos puedan ser hablados y elaborados en el grupo. Todo ello requiere un encuadre de respeto y confidencialidad.

h) *Formación versus terapia*

Este aspecto del encuadre se refiere al hecho de ser muy claros con los alumnos en relación a que la formación personal no es una terapia, aunque pueda tener efectos terapéuticos.

La formación personal tiende al cambio en la persona, posibilitando una mayor comprensión de uno mismo y consecuentemente del niño o la persona con la que vamos a trabajar (Camps, 2005). Para Aucouturier (1985), se trata de una *"capacidad para ser más sensibles, más abiertos a la comprensión del niño y de los otros".*

A partir de las situaciones vivenciadas y de las verbalizaciones, cada participante va haciendo una elaboración personal que va a suponer un cambio de actitud. Ahora bien, hay que recordar que la formación personal no es una terapia de adultos. Tal como matiza Aucouturier (*op. cit.*), *"el cambio en la persona no es el objetivo inmediatamente buscado, tan sólo es la consecuencia de todo lo que ha sido vivido. No hay que olvidar que, a través de esta formación personal, lo que pretendemos es la formación de la competencia relacional con el niño"* (p. 60). Por tanto, no es una terapia, pero puede tener efectos terapéuticos (Camps y García Olalla, 2004a).

> "Que los contenidos de trabajo, pese a que sus objetivos sean formativos, puedan tener efectos terapéuticos, es innegable, y se da en forma frecuente, pero una cosa muy distinta es que, desde el encuadre de trabajo propuesto, se pretenda construir un espacio terapéutico para los participantes" (Mila, 2007: 89).

La formación del rol del psicomotricista a través del trabajo corporal siempre es un espacio de formación, nunca un espacio terapéutico (Mila, 2002). Eso no excluye que el psicomotricista pueda tener espacios terapéuticos propios. Tal como afirma Mila (*op. cit.*), el hecho de que éste transite por un proceso terapéutico es una forma de resguardar su salud mental y de resguardar al otro de nuestra propia historia, y una de las maneras de entender su historia y los aspectos propios que pone en juego en la relación con el otro.

¿Cómo diferenciar la "terapia" de los "efectos terapéuticos"? Esto nos lleva a pensar sobre la construcción: el alumno da sentido a vivencias que tiene en el trabajo corporal y conectan con su historia corporal y personal. Esta construcción puede devenir por asociaciones del propio estudiante o del grupo, o a partir de señalamientos del formador.

El proceso de formación personal produce una transformación en las personas, que se manifiesta en las relaciones interpersonales y que afecta a las diferentes dimensiones e identidades del sujeto. Veámoslo con sus propias palabras:

- Una identidad recuperada desde la propia infancia: *"Estoy empezando a mirar dentro de mí, hay una parte de mí que no quiere crecer... no puedo desprenderme de la magia que rodea los primeros años de mi vida...". "He confirmado mi manera de ser respecto a los demás, un carácter más bien inhibido, caracterizado por la falta de iniciativa, de comunicación... Pero yo misma he sido capaz de analizar las distintas sensaciones en situaciones diferentes y observar cómo he ido evolucionando. He sido consciente de estos pequeños cambios que en realidad han sido grandes cambios, puesto que me han ayudado aceptar más mi forma de ser y esforzarme por cambiar, una vez conocidos, aquellos aspectos que no me hacían sentir bien conmigo misma, como acercarme a la gente sin pensar el qué dirán...".*

- A la identidad corporal y psíquica: *"Me siento más expresiva, más que hace un tiempo, me he quitado de encima una capa que me protegía de miedos, del rechazo, de actuar con temor. Es un cambio interno, pero que en el exterior se refleja en el tono y en el bienestar". "Más alegre, más abierta, más dinámica, con el deseo de disfrutar de cada momento, como un nuevo nacimiento, una nueva transformación de mi vida... ". "Empiezo a aprender a escuchar mi cuerpo, mis deseos, mis emociones". "Respecto a la asimetría de todo mi cuerpo, lo reconocí gracias a la formación personal, mostrando el conocimiento y la conciencia adquirida del propio cuerpo, con lo que me siento muy satisfecha".*

- A la identidad relacional y social: *"Me ha permitido transformarme en un ser con más escucha tónica y afectiva, con más disponibilidad y con una perspectiva de la vida más amplia en significados". "He aprendido a aceptar a los otros tal como son, y a ajustarme a otras maneras de ser, de hacer, de pensar...". "He aprendido a distinguir lo que viene de mí y lo que viene de los otros".*

- A la identidad como padre/madre: *"Soy más flexible, más tolerante, más permisiva, no soy tan rígida ni tan estricta en mis acciones y mis convicciones".*

- A la identidad como profesional: *"El problema era que dentro de mí había algo que me decía que podía mejorar, que había alguna forma de ser una buena maestra, una maestra que se preocupa de sus alumnos y que está preparada para escucharlos y ayudarlos, no sólo una maestra que se dedica a instruirlos... La formación personal me ha ayudado en este sentido, me ha hecho abrir los ojos de una forma que no sé ni cómo describir. Ahora sé que primero uno debe comprenderse para comprender, que de realidad sólo hay una, pero cada uno tiene su visión subjetiva...".*

En la formación en el Master de la URV, las personas al final de la formación resultan, en alguna medida, transformadas, y este cambio trasciende sus competencias como futuros psicomotricistas, alcanzan a su ser personal, social, profesional. Se articula un cambio "transversal" que afecta a su ser como sujetos en todos los ámbitos de su vida. Una alumna habla en su memoria de estos cambios:

"A lo largo del curso se ha producido una transformación en y entre nosotras. Así, hemos hablado de cambios internos que hemos intentado expresar en nuestra figura de plastilina... Se trata de una transformación surgida del encuentro con los demás... Este recorrido está impregnado de una emoción que sale a relucir entre palabras...".

En la formación personal trabajamos todos aquellos aspectos que no son evidentes ni conscientes, pero que ejercen una influencia implícita e invisible en los otros ámbitos de la formación, en nuestra formación teórica y pedagógica; en las teorías que elaboramos y nuestra manera de estar y trabajar con el niño, se configura como una malla o tamiz que filtra toda nuestra formación, que la configura y la penetra de significación (Camps y García Olalla, 2004a).

Al final de la formación, la persona queda cambiada, transformada...

"A lo largo de la formación he sentido que yo cambiaba, que me iba reestructurando por dentro y por fuera... Experiencias que nunca olvidaré, que han quedado en mi memoria, en mi cuerpo, en mi corazón, experiencias que me han transformado y me han hecho mejor".

Otra alumna expresa al final de su memoria:

"Empecé pensando que ya sabía mucho y que iniciaba un camino con final, como si el campo de conocimiento que hemos trabajado fuera limitado. Y sólo he descubierto nuevos caminos, nuevos horizontes, nuevas líneas de actuación... Estos nuevos caminos abarcan tanto lo teórico como lo personal, entendiendo lo personal tanto en la relación terapéutica como en el sentido de evolución personal, que voy a buscar en la consulta de algún terapeuta. En lo personal siento que he abatido alguna barrera, coraza, he experimentado suficiente malestar no identificado para ser consciente que esa coraza, aunque ha disminuido, todavía está ahí, y que tengo que buscar el espacio terapéutico donde trabajarlo. Como consecuencia, tengo mejor relación con mis compañeros de trabajo, recibo más de ellos y eso seguro que es consecuencia de que reciben más de mí. En la relación terapéutica me he hecho más consciente de lo que proyecto de lo propio y he descubierto en mis recuerdos de pacientes antiguos, actitudes mías y de ellos y cómo sin darme cuenta se realizaban esas transferencias, que profesionalmente hay que evitar...

En mi trabajo diario me he sentido más espontánea y expresiva a nivel corporal con los niños, y por lo tanto he resultado ser una figura más estimuladora, más facilitadora. También al ganar en seguridad en esta línea de trabajo, he sido capaz de esperar con más confianza en lo que hago, esta seguridad se transmite al niño y a su familia y las situaciones se desbloquean y evolucionan con más facilidad. También creo que soy capaz de captar muchos más matices en las producciones de los niños y cómo actuar reforzando normas o introduciendo rupturas".

Muchas personas, como la que acabamos de leer, empiezan un trabajo de terapia personal, a partir de todo lo que "se han dado cuenta" en la formación personal. El último día de formación, una alumna dice en la rueda de verbalización: *"siento tristeza por esta etapa que se acaba, pero por otra parte lo necesito para poder gestionar en otro lugar todo lo que este trabajo me ha removido".* Y otra alumna dice: *"He ido haciendo pasos, me enfadaba con X* (alguien de su entorno) *y no entendía por qué, ahora lo comprendo, gracias al master estoy comprendiendo muchas cosas de las que antes no era consciente".*

2. Componentes modificables del encuadre

a) Propuestas

Las propuestas de trabajo en las sesiones de formación personal son flexibles en función del grupo y las personas que lo conforman, y se van concretando siempre en función de lo que ha sido vivenciado y de los efectos de ese trabajo en los alumnos en cada sesión. Por tanto, son siempre variantes. No vamos a referirnos aquí a las propuestas de trabajo. El capítulo 6 trata específicamente sobre ello.

b) Tempo

Hay que ser muy respetuosos con el tiempo de cada uno. Cada persona tiene unas particularidades de su forma de ser, de su historia, que se manifiesta en su capacidad para la propia escucha y la de los otros, en resistencias, mecanismos de defensa, etc. Los formadores deben ser conscientes de que cada psiquismo es distinto y cada uno va a necesitar su tiempo para expresarse y para ir elaborando las distintas situaciones vividas, para darse cuenta (a partir de sus propias vivencias, de las verbalizaciones y producciones propias y del grupo, de los espejos que va a recibir de sus compañeros y formadores, etc.) de aspectos propios y hacerlos conscientes.

En palabras de Aucouturier (1985), la formación

"hace vivir al psicomotricista un lento camino de apropiación de la escucha, una clarividencia cada vez más profunda de sí y de los otros... El tiempo es el operador de la trasformación de las actitudes, es el elemento capital de no-retorno del éxito de un cambio, pese a las resistencias reconocidas por la propia persona. Tomarse uno su tiempo, darse tiempo, saber utilizar el tiempo, son expresiones que poseen una profunda resonancia para el formador, cuando se trata de una formación personal tan implicante como la que se le propone al psicomotricista" (p. 64).

c) Material

En cuanto al material que utilizamos en las sesiones, es también variante en función de las propuestas. Los distintos materiales que empleamos en ambas formaciones y sus implicaciones para el trabajo corporal y el sentido simbólico posible de los mismos, son desarrollados en el capítulo 5 de este libro.

d) Contexto cultural e histórico del grupo

Un último aspecto a considerar en relación al encuadre, es que éste debe tener siempre en cuenta el **contexto cultural e histórico de cada grupo**. "*Las propuestas que utilizamos en el trabajo no tienen un significado universal, dependen de cada contexto e historicidad cultural de cada grupo*" (Mila, 2002). El formador debe tener esto presente y estar preparado para contener y sostener las producciones del grupo.

A modo de ejemplo, diremos que al proponer un trabajo de exploración de las posibilidades del propio cuerpo a partir de alternar momentos de tensión y momentos de distensión muscular, a personas en formación del Distrito Federal de México, tras la movilización tónica emergieron, en varios de los integrantes del grupo, imágenes del devastador terremoto que se produjo en dicho pueblo. Es decir que después de un trabajo sobre el cuerpo real, surgen imágenes del orden del inconsciente que, como decíamos antes, pueden significar el revivir situaciones pasadas, a veces dolorosas, en general olvidadas o reprimidas o que no tienen representación, pero que tras la movilización del cuerpo real se hicieron conscientes.

En este caso fue muy importante el espacio de verbalización previsto desde el encuadre de trabajo, no para trabajar sobre las imágenes de cada uno, o sobre la angustia que a cada uno le pudo significar el hacer conscientes estas imágenes, sino para trabajar y comprender, a partir de la vivencia en cuerpo propio, este aspecto fundamental de la teoría de nuestra disciplina, y luego, ya a nadie le cupieron dudas de que a partir del trabajo sobre el cuerpo real surgen imágenes inconscientes (Mila, 2002).

CAPÍTULO 3

Competencias de la formación corporal del psicomotricista

Lola García, Cori Camps, Juan Mila
y Mariela Peceli

En este capítulo trataremos las competencias esenciales en la formación corporal del psicomotricista. Partiremos del concepto de competencia y su contextualización en esta formación, nombraremos y describiremos las siete competencias nucleares así como los componentes de cada una de ellas.

La noción de competencia tiene en la actualidad una relevancia central en la formación universitaria, a partir de los nuevos enfoques planteados para los procesos de enseñanza/aprendizaje en la educación superior, y especialmente desde la creación del Espacio Europeo de Educación Superior. Este espacio promueve una formación que habilite a los estudiantes para el ejercicio profesional, partiendo de la creación de perfiles profesionales descritos basándose en las competencias que el alumno debe mostrar para un adecuado desempeño profesional.

El término competencia hace referencia a la combinación de conocimientos, habilidades, actitudes y valores que capacitan a un titulado para afrontar con garantías la resolución de problemas, o la intervención en un asunto académico, profesional o social determinado (Secretaría de Estado de Universidades e Investigación, 2006).

Trabajar por competencias nos sitúa en un nuevo paradigma educativo y señala nuevos roles a sus protagonistas, alumno y profesor. Como señala Alsina (2011), significa que el alumno debe entender el aprendizaje como un circuito multidireccional donde tiene que tomar la iniciativa y estimular la capacidad crítica, ética, creativa y sensible en la gestión de su aprendizaje a todos los niveles para favorecer su formación integral. En este caso, el profesor es un guía o un "despertador de curiosidades" que acompaña al alumno en este trayecto.

Perrenoud (2001) define la competencia como "*la aptitud para afrontar eficazmente una familia de situaciones análogas, movilizando a conciencia y de forma a la vez rápida, pertinente y creativa, múltiples recursos cognitivos: saberes, capacidades, microcompetencias, informaciones, valores, actitudes, esquemas de percepción, de evaluación y de razonamiento"*, y señala la acción como escenario de su manifestación: *"la competencia se realiza en la acción, en el momento específico en que es necesario (…), la competencia no puede preexistir, no hay más competencia que la competencia en acción".*

Durante los últimos años se ha ido produciendo un cierto consenso sobre la concepción de las competencias. Recogemos algunos de los elementos enunciados en la revisión realizada por Rue (2008):

- Son de naturaleza compleja e incorporan actitudes, capacidades y habilidades, sin confundirse con ninguna de ellas en particular.
- Se las concibe en términos dinámicos. Las competencias evolucionan con la actividad y el aprendizaje.
- Se aprenden y desarrollan a partir de contextos (de experiencia y de aprendizaje).
- Van más allá de las habilidades cognitivas y de las motrices.
- Implican un tipo de conducta duradera a lo largo del tiempo.
- Se relacionan con niveles superiores de actuación laboral u ocupacional y se consideran como generalizables entre diversas situaciones, siendo sólo las más básicas las que pueden ser más independientes de los contextos.
- Su evaluación no siempre es fácil, especialmente para niveles de actuación elevados, por lo que deben emplearse diversas modalidades y procedimientos para hacerlo.

Las competencias tienen una perspectiva integradora, ya que ponen en juego la dinámica entre conocimientos adquiridos, habilidades y destrezas, y comportamientos afectivos. Se trata por tanto de competencias complejas, que requerirán una adecuada descripción e indicación de sus componentes, que permita su posterior evaluación. Estas competencias se desarrollan mediante sucesivos niveles de dominio, que pueden ser secuenciados a lo largo de la formación.

Los profesores y formadores en psicomotricidad debemos reflexionar sobre los procesos y secuencias, dispositivos y propuestas más idóneos para que el estudiante alcance estas competencias esenciales, y sobre el tipo de mediación que facilita esta consecución.

La formación del psicomotricista debe construirse como un aprendizaje para la praxis profesional, íntimamente conectado con las competencias profesionales que el estudiante debe adquirir. Un aprendizaje que se construye desde la persona, desde lo que es, lo que siente, lo que sabe y lo que sabe hacer. Un aprendizaje caracterizado por el diálogo permanente entre la investigación teórica, la práctica en la sala y la formación corporal, y un aprendizaje que puede generalizarse a nuevos contextos de actuación profesional.

Nuestro grupo de trabajo ha considerado siete competencias nucleares para un primer año de formación corporal:

1. Respeto del encuadre de trabajo.
2. Expresividad psicomotriz.
3. Cuerpo en relación.
4. Disponibilidad para el trabajo en grupo.
5. Gestión emocional.
6. Articulación teórica.
7. Articulación práctica.

Pasamos a describir cada competencia y sus componentes en el marco de esta formación. Para cada una de las competencias se han diseñado indicadores e instrumentos de evaluación, que serán descritos en el capítulo siete de este libro.

Competencia 1. Respeto del encuadre de trabajo

> *El encuadre actúa como resguardo del proceso de formación, incluye elementos que lo aseguran y sostienen (Mila y Peceli, 2007).*

El encuadre de trabajo hace referencia a los requisitos que el estudiante debe cumplir y respetar para aprobar la formación, e incluye elementos como: el formato temporal (calendario y horario), demandas y requisitos a presentar (producciones y trabajos), actitudes hacia los compañeros y formador (respeto hacia las propuestas, hacia las aportaciones y dificultades del otro), y el compromiso ético (confidencialidad y respeto a las personas).

El encuadre marca las condiciones para que la formación sea viable y se inicie un proceso de trabajo personal y grupal en que los alumnos se sientan seguros y respetados. Conocer estas condiciones facilita un proceso de responsabilización personal que incluye la aceptación de los límites y de la ley, una ley que exige asistencia y puntualidad, pero también actitudes de respeto y compromiso con el grupo. La ausencia de una persona en las sesiones de formación modifica el desarrollo de la misma. La falta de respeto hacia un compañero o hacia el propio formador puede generar angustia en el seno del grupo, que el formador tendrá que canalizar.

Conviene dejar claro al inicio que la formación no es una terapia, si bien cada persona descubrirá sus propias limitaciones y trabajará sobre ellas. La experiencia nos muestra que la formación deviene en un proceso de crecimiento personal, a partir del cual muchas personas continúan un trabajo personal terapéutico. El rol del formador también debe estar claro desde el principio: es la persona que marca los tiempos, las propuestas, acoge las producciones personales y grupales, y facilita la toma de sentido sobre el trabajo que realizamos; no se confunde con el grupo ni realiza propuestas que después no logrará canalizar. Cuanto más claras quedan las condiciones y requisitos al comienzo de la formación, menos dificultades surgen en el curso de la misma.

COMPETENCIA	DESCRIPCIÓN	COMPONENTES
1. Respeto del encuadre de trabajo.	Cumplimiento de los requisitos de la formación a nivel personal y en relación al funcionamiento del grupo.	1. Puntualidad. 2. Asistencia. 3. Compromiso con el grupo. 4. Respeto por los compañeros. 5. Ajuste en la relación con el formador. 6. Cumplimiento con los trabajos. 7. Compromiso ético.

Competencia 2. Expresividad psicomotriz

El desarrollo del tono y de la motricidad se funden íntimamente con el desarrollo emocional, con el desarrollo del gesto, y del lenguaje. Es evidente que estos desarrollos no son psicomotores, sino que, por supuesto, es su expresión la que es psicomotriz (Soubiran y Coste, 1989: 39).

Soubiran y Coste plantean que:

"la noción de expresión psicomotriz tiene tanto sentido para el que expresa como para el observador, ya que permite cierta comprensión del otro... Por tanto, dirigiéndose cuantas veces sea necesario desde el gesto y su perturbación a su significación profunda, es como el terapeuta clarificará la relación dialéctica existente entre ellos. Existe problema psicomotor cuando la expresión psicomotriz está perturbada" (Soubiran y Coste, 1989: 39).

Por su parte, Aucouturier afirma:

"La expresividad motriz es el referente a partir del que trabaja todo psicomotricista. La idea de expresividad psicomotriz tiene que ver con una manera de ser y estar del niño en el mundo original y privilegiada... que actualiza una vivencia lejana cuyo sentido puede captarse gracias a todas las variaciones de su relación tónica y emocional" (Aucouturier, 2004).

Las sesiones de formación corporal facilitan la emergencia y el reencuentro con vivencias sensoriomotrices, a partir del trabajo sobre el tono, el gesto, el contacto, la mirada, la voz, en un proceso que va desde el movimiento hacia la palabra.

Las propuestas de trabajo permitirán reapropiarse de una dimensión sensoriomotriz más o menos olvidada y que nos remite a situaciones y placeres-displaceres arcaicos. Trabajamos sobre el reencuentro del adulto con su propio cuerpo a partir de propuestas sobre el placer y la apropiación sensoriomotriz, de competencias motrices que implican la percepción de la sensibilidad interoceptiva, exteroceptiva y propioceptiva. A partir de estas vivencias cada participante irá reconociendo sus reacciones tónico-emocionales y su expresividad psicomotriz.

A través del indicador del tono y la actitud corporal del estudiante podemos observar: resistencias ante propuestas que impliquen un trabajo sobre el tono, gestos y posturas corporales, aparición de movimientos estereotipados, agitación, sumisión u oposición a la propuesta, etc. La mirada, el sonido, la voz, son indicadores de la capacidad del estudiante para comunicarse con el otro, y habilitar la función de sostener, acompañar, asegurar el movimiento del otro. A través del lenguaje y la palabra podrá simbolizar y representar las vivencias del trabajo corporal, tanto propias como de los compañeros. La palabra ayudará a articular estas vivencias con la práctica profesional y la formación teórica.

Esta competencia nos habilitará para la comprensión psicológica de la motricidad del niño y para descubrir su sentido profundo. La disponibilidad en nuestro encuentro con el niño marcará la calidad de la relación que podemos construir, una disponibilidad a nivel corporal y también verbal.

COMPETENCIA	DESCRIPCIÓN	COMPONENTES
2. Expresividad psicomotriz.	Disponibilidad a nivel corporal que se manifiesta a través del tono, la actitud corporal y los mediadores de la comunicación.	1. Tono y actitud corporal. 2. Gestualidad. 3. Contacto corporal. 4. Uso de la mirada. 5. Uso del sonido y la voz. 6. Uso del lenguaje verbal.

Competencia 3. Cuerpo en relación

La especificidad de la psicomotricidad se encuentra en la capacidad de encuentro con el otro en un estadio arcaico que pone en juego todos los procesos emocionales anteriores a la constitución del lenguaje (Contant y Calza, 1991).

El psicomotricista debe formarse en la capacidad para contener al otro, en sus emociones y en sus angustias, para ofrecer un entorno maternal al niño, unos límites que aportan seguridad física y psíquica. Debe prepararse para acompañar al niño, y acompañar es permitir que el otro actúe, permitirle ser, sin invadirle, sin proyectar los propios deseos.

Como dicen las profesoras Camps y Tomás (2003), será la escucha de uno mismo la que posibilitará la escucha adecuada del otro, evitando proyecciones que nos permitirán tomar la distancia suficiente, para no confundir al otro y ayudarle a constituirse como sujeto. En la relación transferencial el otro pasa a ocupar el lugar de objeto con el que relacionarse. Se trata de una realidad psíquica atravesada por la historia personal anterior que nos hace cifrar y descifrar lo que nos llega del otro de una manera absolutamente original, única e individual.

La formación para la escucha implica la aceptación del otro tal cual es, sin juzgar ni criticar, reconociéndole como resultado de su historia y portador de deseos. La empatía nos remite a la capacidad de estar cerca de la emoción del otro y sentir con él; pero sin dejarnos invadir por ella, situarnos a una cierta distancia, que nos permitirá construir un espacio para ayudar al otro sin confundirnos con él. La empatía requiere también el control de las propias proyecciones, el conocimiento del propio recorrido pulsional, para evitar distorsiones en la percepción del otro.

El ajuste tónico nos habla de la capacidad del estudiante de relacionarse a través del tono de forma adecuada con diferentes personas, atendiendo a su propio cuerpo y al cuerpo del otro. El psicomotricista se verá confrontado a este encuentro con el otro en un estadio arcaico previo al lenguaje, y deberá mostrar calidad en su acogida, a nivel tónico, gestual y postural. Para ello el psicomotricista deberá ser capaz de observar su propio estado tónico en relación con el otro, capaz de esperar, de tomarse tiempo para observar al otro y actuar.

COMPETENCIA	DESCRIPCIÓN	COMPONENTES
3. Cuerpo en relación.	Actitud para decodificar el cuerpo del otro y realizar una intervención ajustada.	1. Escucha y empatía. 2. Ajuste tónico al otro. 3. Contención y seguridad. 4. Establecimiento de límites. 5. Acompañamiento.

Competencia 4. Disponibilidad para el trabajo en grupo

> *La formación del psicomotricista constituye un proceso de apropiación en que el saber se configura como una construcción personal e intersubjetiva, como un proceso activo en que los participantes progresan en la construcción conjunta de significados, creando un espacio caracterizado por la creciente dialogicidad. La formación deviene así un proceso de crecimiento personal y profesional socialmente mediado (García Olalla y Camps, 2005).*

El estudiante deberá mostrar disponibilidad para trabajar con el cuerpo en el marco grupal. Irá construyendo su ser y saber como psicomotricista a partir de un proceso de reflexión personal y también grupal, en el que emerge un proceso dialéctico de reflexión conjunta con los otros a partir de lo vivido en el grupo. A veces serán construcciones entre dos o tres personas; otras veces en grupo pequeño o numeroso; en definitiva, diferentes formatos en los que escuchará y aportará. Y en este proceso mostrará competencias para la escucha, para ser espejo del otro, aceptar comentarios del compañero, formular preguntas, comunicar vivencias, etc.

COMPETENCIA	DESCRIPCIÓN	COMPONENTES
4. Disponibilidad para el trabajo en grupo.	Disposición para trabajar por mediación corporal a nivel grupal.	1. Disponibilidad corporal. 2. Saber individual. 3. Saber grupal.

Competencia 5. Gestión emocional

> *Ser psicomotricista es un proceso de autoconocimiento y conocimiento del otro que no finaliza jamás, en la medida en que como personas nos vamos modificando y reconociendo a lo largo de toda nuestra vida (Sánchez y Llorca, 2008).*

La gestión emocional habilita al alumno para una percepción adecuada de sí mismo, de sus emociones, de las vivencias y conflictos que emergen en este espacio, y para poder afrontarlas y resolverlas de una manera armoniosa para sí mismo y para el grupo. Comienza por una autopercepción ajustada, que implica escuchar y dar sentido a las propias dificultades y permite tramitarlas de manera adecuada y eficaz. Es un proceso hacia el autoconocimiento que implica un recorrido: escucharse y pensar en uno mismo; dotar de sentido y significado subjetivo a lo vivido, nombrándolo; construirse a partir de los señalamientos; poseer control sobre las propias proyecciones; tomar conciencia de las fortalezas y limitaciones y verbalizarlas.

COMPETENCIA	DESCRIPCIÓN	COMPONENTES
5. Gestión emocional.	Toma de conciencia y manejo de las propias emociones y de los conflictos interpersonales que emergen en la relación con los otros.	1. Autopercepción. 2. Estrategias de afrontamiento.

Competencia 6. Articulación teórica

En este tiempo de formación el propio alumno y la metodología de trabajo constituyen el centro del proceso, el formador ha de evitar la tentación de protagonismo, la tentación de la interpretación y la teorización, es el propio alumno quien deviene analista y teórico de su propio proceso de formación (Camps y García, 2004a).

A partir de las propias vivencias el alumno irá construyendo y reconstruyendo conceptos, teorías; dando nuevas significaciones a las emociones y experiencias vividas en el espacio de la formación corporal. El paso de la vivencia a la representación se favorece por la utilización del lenguaje oral o escrito, el modelado o el dibujo. La verbalización es un medio privilegiado que permite nombrar, identificar, representar vivencias y emociones que pueden ser simbolizadas a través de la palabra. La palabra escrita implica un paso más en cuanto al grado de descentración de lo vivido. El dibujo y el modelado favorecen la representación de las vivencias y la proyección de aspectos inconscientes, de ahí la importancia para los alumnos de hablar de sus producciones. El alumno realizará un proceso de descentración progresivo: representará y pondrá palabras sobre lo vivido, irá construyendo una teoría sobre sí mismo, sobre las dinámicas grupales y finalmente sobre el propio proceso de formación.

COMPETENCIA	DESCRIPCIÓN	COMPONENTES
6. Articulación teórica.	Establecimiento de asociaciones y vínculos de lo vivido con la teoría psicomotriz.	Interiorización de la dialéctica cuerpo-psique.

Competencia 7. Articulación práctica

> *La formación personal pretende la formación para la competencia relacional con el niño... debe desembocar en una máxima capacidad para descentrarse hacia el niño: aceptar y recibir con más sensibilidad (y las menores resistencias posibles) los contenidos, formas y sentidos más variados de la expresividad psicomotriz, emocionarse y comprender, para no rechazar, juzgar ni condenar* (Aucouturier, 1985).

Las vivencias y reflexiones de la formación corporal revierten en una nueva mirada del alumno sobre su práctica profesional: una comprensión profunda del movimiento, una nueva lectura de los parámetros psicomotores, una nueva capacidad de ajuste en la relación con el niño. La apertura a una nueva imagen de sí mismo, con nuevos matices descubiertos, competencias y limitaciones vividas, facilitan un proceso de descentración y ayuda a partir del cambio operado en la formación personal.

Al final de la formación, el alumno deberá percibir que la formación corporal ha sido útil y ha revertido en la transformación y mejora de su práctica con los niños en la sala de psicomotricidad.

COMPETENCIA	DESCRIPCIÓN	COMPONENTES
7. Articulación práctica.	Transfiere y asocia su proceso de transformación personal a la práctica profesional.	Establecimiento de asociaciones entre lo vivido y la formación práctica.

CAPÍTULO 4

Metodología

*Cori Camps, Juan Mila, Mariela Peceli
y Lola García*

En el capítulo 2 hemos descrito el encuadre de la formación personal (número de participantes, horario, frecuencia, etc.). En este capítulo pues nos referiremos a la metodología que seguimos en cada una de las sesiones, teniendo en cuenta que los aspectos relativos a las propuestas de trabajo los desarrollamos en el capítulo 6.

A nivel metodológico, el dispositivo parte de las propuestas y consignas del formador, y se concreta en una invitación a experimentar situaciones diversas a nivel personal, en pareja, en trío o en gran grupo (ver capítulo 6). Estas propuestas evolucionan y se transforman en el grupo de forma espontánea, surgirán situaciones y vivencias originales a partir de su propia dinámica. Los formadores acogen estas producciones, las devuelven a modo de espejo y las utilizan como plataforma de nuevas propuestas (Camps y García Olalla, 2004a).

Nos parece importante aquí hacer la distinción entre propuestas y consignas:

Las propuestas deben ser tomadas como una invitación al trabajo, como una habilitación al trabajo corporal psicomotor, donde el participante puede optar por iniciar el trabajo, aceptando la propuesta o desestimándola. En ningún caso la propuesta es una imposición. Debe tener en cuenta la individualidad y singularidad de cada persona, respetando sus tiempos. El participante podrá o no realizarla, pero en todos los casos sí debe respetar las producciones de los otros integrantes del grupo.

Las consignas tienen una connotación más dirigida, donde el participante de alguna manera se siente en la obligación de realizarla. A modo de ejemplo podemos señalar que una consigna dentro de este encuadre es el no hablar durante determinada propuesta de trabajo corporal. La consigna está vinculada desde la etimología misma de la palabra, a la idea de una orden que el otro debe cumplir.

El recorrido que seguiremos en el proceso de formación personal es, en principio, similar al de las sesiones de psicomotricidad con los niños: de la acción a la representación, del placer de actuar al placer de pensar, facilitando la reapropiación del placer sensoriomotriz, la simbolización y la representación. Es una formación que presenta niveles progresivos de simbolización: el placer del juego y el placer sensoriomotriz (sensaciones propioceptivas, exteroceptivas e interoceptivas; variaciones del tono, etc.), percepción en relación con las sensaciones del propio cuerpo, los objetos y los otros; simbolización y representación (Camps y García Olalla, 2004a).

Las sesiones de formación corporal y personal se desarrollan a partir de propuestas, que son una invitación a experimentar distintas sensaciones, movimientos-descanso, juego, interacción… Como decíamos anteriormente, trabajamos a partir de "propuestas" y no de "ejercicios" (Mila, 2002), puesto que los ejercicios entrañan una forma preestablecida de realizar las cosas e implican que un grupo de personas debe realizar determinada secuencia de actos de la misma forma y tal vez al mismo tiempo. Por el contrario, las propuestas, tal como hemos diferenciado arriba, son invitaciones y habilitaciones para el hacer, son habilitaciones para la experimentación, que tienen un claro sostén desde la actitud de coordinación y del encuadre de trabajo. Las propuestas intentan respetar los tiempos individuales y grupales, procuran considerar los diferentes caminos del hacer de cada uno, respetando la individualidad, tolerando las diferencias en las producciones. Aunque la mayor parte del tiempo utilizamos propuestas, en algunas ocasiones empleamos consignas, ya que pretendemos que los alumnos realicen una actividad concreta. Otro ejemplo del uso de consignas sería el trabajo sobre la mirada: alejarse, acercarse, seguir con la mirada, esconderse de la mirada del otro, etc., trabajo en el que los formadores van dando indicaciones concretas a lo largo del proceso (evidentemente también en función de lo que hace el grupo).

A nivel metodológico, en cada una de las sesiones de formación personal se realizan diversas propuestas, las cuales implican normalmente las siguientes fases de trabajo (aunque a veces puede faltar una, pueden darse varias propuestas de trabajo corporal de forma continuada e introducir la verbalización al final de las mismas, etc.):

1. Vivencia corporal.
2. Representación simbólica y verbalización.
3. Verbalización en el trío de referencia.
4. Verbalización en la rueda grupal.
5. Elaboración de la memoria de la sesión.

A continuación vamos a detallar cada una de estas fases, para terminar el capítulo con el ejemplo de una sesión.

1. Vivencia corporal

Se trata de permitir que cada estudiante pueda experimentar con su cuerpo a nivel tónico, de coordinación, equilibrio, contrastes tensión-distensión, la relación con el espacio y con el tiempo, su respiración, las sensaciones provenientes de los distintos tipos de sensibilidad (propioceptiva, interoceptiva, exteroceptiva)… Esto es, que pueda experimentar y tener distintas vivencias corporales, sensaciones, movimientos, cambios a nivel tónico, y que progresivamente pueda escuchar y tomar conciencia de su cuerpo, así como de las resonancias emocionales que puedan surgir.

Escuchemos a una estudiante:

"En el momento del juego con los diarios y con el grupo se viven situaciones de mucha pulsión, de mucha descarga tónico-emocional. Espontáneamente, la expresión que utilizamos con nuestro cuerpo en la montaña de papeles, es la misma que utiliza el niño cuando juega en la Sala. Se destaparon situaciones conectadas con la seguridad profunda, algunos miembros del grupo sintieron la necesidad de confundirse con los otros, hubo gestos de liberación corporal, de desinhibición...".

Se han recogido también vivencias de las situaciones de reposo: "Continúo sintiéndome bien en las relajaciones guiadas. Me gusta mucho conectar conmigo misma, siguiendo las consignas. Me es agradable escuchar todo lo que me va sucediendo".

Asimismo, se verifican distintas percepciones en relación al cuerpo real, a partir de una situación de distensión tónica:

"Yo siento la calma, la tranquilidad, extrañas sensaciones corporales donde me parece tener las manos torcidas, giradas, mis brazos pierden sus límites y parecen fundirse con el suelo, y aparecen imágenes, frases, como empezando a producir sueños, un estado límite entre la vigilia y el sueño, donde se pone en juego un estado de conciencia diferente, que rebaja la censura".

Este trabajo, que parte del cuerpo real, le ayudará a conocerlo cada vez mejor, a escuchar sus sensaciones y reacciones. Pero, tal como describiremos en el capítulo 6, a partir del trabajo a nivel del cuerpo real, empezarán a surgir imágenes, emociones, recuerdos, que le conectarán con aspectos de su psiquismo y de su historia personal.

A partir de este trabajo vivencial a nivel del cuerpo real, cada participante irá descubriendo su forma particular de relacionarse con los otros y cómo los otros se relacionan con él, las formas particulares de sus compañeros de vincularse, las diferentes formas de vivir las mismas situaciones de juego, de movimiento, de placer sensoriomotor, de descanso, y las resonancias distintas que provoca en cada uno.

Esta vivencia corporal, a través del movimiento, el juego, el reposo, etc., puede darse a nivel individual, en pareja, en trío, en pequeño grupo o en gran grupo, tal como veremos en el capítulo 6.

Una constante es partir del movimiento, de la actividad espontánea del adulto, y poco a poco establecer la habilitación para el juego (Mila y Peceli, 2007).

Es muy importante que el alumno que se forma para ser psicomotricista pueda vivir estas vivencias con su propio cuerpo, puesto que va a tener que trabajar con su cuerpo y su cuerpo en relación al cuerpo del otro, y esa disponibilidad corporal sólo puede desarrollarse a partir de la propia experiencia. Por otra parte, el haber hecho este recorrido le permitirá poder escuchar y comprender mejor la expresión psicomotora del niño o de la persona con la que va a trabajar en el futuro.

Las palabras de una estudiante en su memoria nos remiten a este aspecto:

> "Cuando me ha cuidado C., me he sentido muy segura. Me ha balanceado mucho, hecho que me apasiona y me tranquiliza. Es muy relajante, y además como tenía la cabeza apoyada en su pecho todavía se hacía más agradable. Sentirte acariciado te hace sentir importante, te hace sentir alguien. La contención y el diálogo tónico son imprescindibles para crecer, para construirte como un alguien diferente del otro en un futuro. ...
>
> La importancia de poder experimentar en primera persona. ¡No saben los niños hasta qué punto es bueno para ellos que nosotros hagamos formación personal! Entendemos mejor los conceptos, el por qué de las cosas. El diálogo tónico, la contención... Son indispensables para que el niño pueda conocer su cuerpo, experimentar, descubrir, sentir, y esto le lleva a que pueda construir su esquema e imagen corporal y otras elaboraciones que tienen su inicio en el diálogo tónico y el maternaje. Y por haberlo experimentado ahora, soy consciente del poder que tiene, y gracias a esta formación podré actuar y mirar a los niños de otra forma, mucho más profunda".

Recordamos las palabras de Freud (1915): "*El* tener-oído *y el* tener-vivenciado *son, por su naturaleza psicológica, dos cosas por entero diversas, por más que posean idéntico contenido*". Tal como afirman Mila y Peceli (2007),

> "los estudiantes llegan a la formación corporal específica con un bagaje teórico disciplinar que les permite «tener-oída» y «tener-leída» mucha

teoría sobre el placer sensoriomotriz, sobre esquemas de acción, sobre la conexión entre estructuración afectiva y estructuración tónica, sobre la construcción tónico-emocional, sobre el cuerpo real, sobre la imagen del cuerpo, sobre los contenidos inconscientes... Pero obviamente muy diferente es vivenciarlo. El estudiante puede «tener-oído», «tener-leído» y conocido que los contenidos, estructura y funcionamiento inconscientes de cada persona son individuales, singulares, signados por la propia historia de cada uno, pero algo muy, pero muy diferente es vivenciarlo, «tener-vivenciado», tomar contacto, a nivel de la vivencia, con el propio inconsciente y con el inconsciente de cada uno de los integrantes del grupo" (p. 25).

Estos aspectos remiten igualmente al formador, el cual debe haber pasado previamente por un proceso de formación personal, a nivel corporal y psicomotriz y a nivel de su propio inconsciente y su propia historia, para saber escuchar a cada participante y la dinámica del grupo, para ajustar sus propuestas, sus silencios, sus palabras, a los momentos y necesidades de cada uno y del grupo, y para no proyectar sus propios deseos ni sus propias dinámicas de fusión, seducción, etc., sobre el grupo. Ya hemos hecho referencia a la importancia de las actitudes y de la formación previa del formador en el capítulo dedicado al encuadre.

"El principal desafío del formador es habilitar a cada uno de los integrantes del grupo de formación a vivenciar su expresividad psicomotriz y luego habilitarlo o acompañarlo en el complejo proceso de representar lo vivenciado" (Mila y Peceli, 2007: 87). A este proceso de representación se refieren las siguientes fases metodológicas.

Un matiz que pensamos que es importante resaltar es que en muchas de las propuestas no puede utilizarse la palabra. Esto es así en ambas formaciones. Concretamente, en el Master de Psicomotricidad de la URV, durante el primer año de formación se utiliza la palabra en alguna propuesta, pero durante el segundo año prácticamente la totalidad de las propuestas se realizan sin hablar.

"La única prohibición es la utilización de la palabra, prohibimos la palabra, porque condiciona el trabajo corporal, lo condiciona porque a partir de la comunicación a través de la palabra, las producciones del cuerpo pasan a inscribirse en otro registro. La prohibición es momentánea, sólo cuando estamos trabajando sobre las propuestas. Está prohibida la palabra pero no la expresión vocal, la palabra es habilitada en los espacios de verbalización, donde los participantes discuten en un registro verbal sobre las producciones del cuerpo, en donde el objetivo es la representación de las producciones corporales" (Mila, 2002).

2. Representación simbólica y verbalización

Aunque dedicamos un capítulo explícito a la representación simbólica (ver capítulo 9), aquí nos referiremos a los aspectos metodológicos de esta fase de trabajo.

Después del tiempo para el trabajo corporal, está el tiempo de la representación. Es muy importante que cada participante pueda representarse lo que ha vivido y sentido. Tal como afirma Mila (2002), *"tal vez uno de los objetivos más claros de la psicomotricidad sea el acompañar al individuo desde la acción, desde el acto a la representación".*

Este **paso de la vivencia a la representación** se verá favorecido por la utilización del lenguaje oral o escrito, el modelado o el dibujo. Así, los alumnos pueden escribir sobre sus vivencias o verbalizarlas con la persona o personas con las que han trabajado, o también en el trío o en el grupo. La verbalización tiene un lugar privilegiado al final de las propuestas de trabajo. Permite nombrar, identificar, representar vivencias y emociones, que pueden ser simbolizadas por medio de las palabras.

Esta verbalización puede efectuarse con la pareja con la que se ha trabajado, con el trío de referencia o con el grupo de trabajo. Estos momentos funcionan muchas veces a modo de espejo, donde el otro puede verse reflejado a través de las palabras de sus compañeros. Una estudiante dice al respecto:

> "En diferentes momentos a lo largo de la jornada, dedicamos unos tiempos determinados a verbalizaciones por parejas o tríos, donde el otro pone palabras a nuestras acciones, producciones, nos devuelve a modo de espejo la mirada que ha puesto sobre nosotras. Las palabras del otro colaboran a significar nuestras producciones, yendo de lo real a lo simbólico, y colaboran a la toma de conciencia, del deseo y de la relación. Me gusta recibir los espejos del otro, y a veces me sorprende lo que dicen ver en mí. La mirada y la palabra del otro nos pueden ayudar a tomar conciencia, dar pistas sobre aspectos inconscientes expresados en nuestra acción".

Otra alumna dice:

> "M., un espejo para mí. Me resulta curioso oír cómo me ha visto alguien, algo sobre lo que a veces no se puede más que fantasear. M. me ayuda a tomar conciencia y a dar más realidad y cuerpo a aspectos que estoy descubriendo de mí. Mi atención a la seguridad física, mi placer en los juegos de maternaje, mi lugar respecto al grupo, mi deseo respecto al grupo... ponen en evidencia aspectos que en otros tiempos querría esconder, y que ahora tolero mejor porque los comprendo mejor".

Por otra parte, la palabra escrita implica una mayor descentración y distanciación de lo vivido (Mila, 2002). El dibujo y el modelado, además de favorecer la representación de las vivencias, son un medio para la proyección de aspectos inconscientes de cada persona. Es importante que los estudiantes hablen de sus producciones, puesto que hablar de ellas es hablar de sí mismos y, en muchos casos, ello favorece el reconocimiento de aspectos hasta ese momento inconscientes (Camps y García Olalla, 2004a). Tal como hemos dicho, en el capítulo 9 nos referiremos con detalle a la representación simbólica en las sesiones de formación personal.

En alguna ocasión, cuando hay una propuesta de construcción con plastilina, dibujo, etc., en el trío, los formadores pueden hacer una devolución de aspectos genéricos que aparecen en las construcciones. Así, por ejemplo, en una de las construcciones por tríos, una de las formadoras devuelve dos ejes que se repetirían en la mayoría de construcciones: el primero, el placer del movimiento, de la totalidad corporal vivida a través del otro, expresado en palabras como unión, deseo, lazo, calor, manta, mundo arropado, complicidad, movimiento, placer... la percepción del placer de la relación con el otro, que se materializa en colores vivos, optimistas. El segundo eje hablaría del tiempo pasado, presente y futuro, al hacer alusión a una casa, los recuerdos, deseos incumplidos, pendientes, y por el otro lado, al vuelo, la libertad, los proyectos, la superación.

Es necesario que el psicomotricista sienta, pero más importante aún es que pueda representarse lo que siente, que pueda pensar y dar un sentido a lo que siente y vive. A este nivel de trabajo llegamos tras un prolongado proceso donde en primera instancia la palabra cobra nuevamente lugar, sirve para comenzar a entender lo vivido, para darle sentido, para inscribirlo en un código compartido.

Poco a poco pasaremos de la palabra oral a la escrita, que siempre implica una instancia de mayor descentración y distanciación de lo vivido, permitiendo otros niveles de representación.

Luego, en instancias sucesivas iremos explorando otros caminos de representación, no tan condicionados a priori como lo está el lenguaje verbal o escrito; iremos transitando caminos de exploración de la representación a través del dibujo y el modelado con barro o plastilina.

Es para instancias mucho más avanzadas el encarar niveles más profundos de formación que permitan la rememoración o reviviscencia, implicando un trabajo sobre aspectos que están en el orden del inconsciente del sujeto (Mila, 2002: 191). Nuestra experiencia nos permite afirmar que estos niveles se alcanzan con frecuencia durante el segundo año de formación en el master, movilizándose muchos aspectos del propio psiquismo y emergiendo aspectos de los que los alumnos no eran conscientes. En palabras de una alumna:

"Durante el primer año de formación empiezas a darte cuenta de aspectos tuyos de los que no eras consciente, y durante el segundo vas profundizando en ello, descubriendo y emergiendo recuerdos, formas de posicionarte en la vida…".

3. Verbalización en el trío de referencia

En la fase anterior nos hemos referido a la importancia de la verbalización de las situaciones vividas, al poner palabras a las sensaciones, emociones, imágenes, etc. surgidas del trabajo corporal. Esta verbalización con la pareja o las personas con las que se ha trabajado constituyen espacios de contención intermedios entre el sujeto y el grupo, es decir, la rueda final de verbalización en la cual está todo el grupo y los formadores. En la URV, además de estos espacios de verbalización, trabajamos con tríos estables que confieren contención y posibilidad de elaboración intermedia entre el sujeto solo y el grupo. Este dispositivo fue utilizado anteriormente por Bernard Aucouturier, en los grupos de formación personal, aunque nosotras lo utilicemos con algunos matices distintos.

El grupo de tres pasa a tener especial relevancia en este proceso, se convierte en un grupo de referencia estable a lo largo de la formación, con el cual se vive y comparten experiencias, se reflexiona sobre las vivencias de cada miembro del trío y continúa con el análisis sobre la propia metodología y sobre las propuestas. El trío se constituye en un lugar de encuentro y elaboración que va de lo vivido al análisis de lo vivido y al análisis de la propia metodología de trabajo; permite niveles progresivos de simbolización sobre la dimensión corporal y emocional; pasa a ser un lugar de elaboración que facilita un proceso de descentración y de apropiación de la formación misma; siendo además un lugar para el aprendizaje de la escucha y la aceptación del otro. Constituye un espacio de reflexión más privado que el grupal. Es necesario aclarar que el trío se forma el primer día de formación personal, entre los miembros del grupo, con la única condición de no conocerse previamente (Camps y García Olalla, 2004a). En el segundo año del master, la condición para formar los tríos es que no sean las mismas personas del año anterior.

La introducción del trío en el dispositivo de formación personal, estaría vinculada a la necesidad de un tercero, para que las relaciones duales no se convirtieran en algo con una existencia "per se", imaginaria, que implique la fusión y por tanto la imposibilidad de tomar una distancia. De que hubiera un espacio abierto para la sorpresa y también para la Ley, que siempre es introducida por un tercero; en la medida en que si tenemos en cuenta únicamente la existencia de relaciones duales, la sorpresa, el dinamismo y, por tanto, la progresión y el crecimiento, son menos viables.

Si el grupo funciona bien, la fusionalidad debe agobiar y romperse. Hay que irse y trabajar en soledad, para regresar crecido y desde otro lado: se sale de la fusión, para no morir. En caso contrario, se confunde el deseo propio con el del otro. Como ejemplo en las sesiones, podemos hablar del momento en que un alumno siente la necesidad de que trabajen en su espalda, y a partir de ahí, él se pone a trabajar en la espalda del otro, cuando éste no era el deseo de su compañero (Tomás, García y Camps, 2010).

Tal como hemos mencionado, en la formación personal se producen acciones que se desarrollan en solitario, acciones que se desarrollan en pareja y acciones que se desarrollan en el grupo. Pero en cualquiera de ellas, hay el grupo de referencia, que es un trío y que implica la puesta en acto de tres subjetividades y su interrelación.

Recogiendo informaciones del alumnado al respecto, éstos nos manifiestan que el trío les ayuda a poner distancia respecto al otro, y a aprender a hacer preguntas. Y esto es una estrategia fundamental en la práctica de ayuda y en la terapia.

El trío permite que el formador esté para ayudar, sostener, percibir las dificultades de cada uno. La responsabilidad sobre el progreso de la identidad queda relegada al ámbito triangular, siendo los formadores los que mantienen el dispositivo y las estrategias para que esto se pueda producir. No se trata de una situación terapéutica "per se", pero sí posibilita la evolución de las personas (Tomás, García y Camps, 2010).

Los tríos evolucionan según su propia dinámica, sujeta a las características particulares de cada uno. Nuestra experiencia es que en general se producen dinámicas favorecedoras de la contención y la escucha. En muchos casos, se producen investiduras muy fuertes, vínculos muy cargados libidinalmente, que generan lazos de amistad muy profundos. Pero debemos estar a la escucha, puesto que también es posible que el trío no se entienda y el trabajo en él se viva de forma muy negativa. Los formadores deben estar atentos a las dinámicas de los distintos tríos y analizar los efectos del dispositivo en las distintas personas.

4. Verbalización en la rueda grupal

Al final del día, o al acabar determinadas propuestas de trabajo corporal, la representación y la verbalización con la pareja o en el trío, iniciamos la rueda de verbalización en la cual están todos los miembros del grupo, además de los formadores. Con esta rueda iniciamos y finalizamos siempre la sesión de formación personal. Además de hablar sobre el trabajo, al inicio y al final de la sesión, nos nombramos, como una forma de reconocer la identidad de cada uno y la identidad grupal.

Una alumna dice, respecto de nombrarnos:

"Recuerdo el impacto que tuve en la primera sesión con el nombramiento. Nuestro nombre es nuestra identificación, es nuestra historia, es todo lo que éramos, somos y seremos, es todo lo que hemos estado viviendo durante este tiempo de formación. Es espacio, es tiempo, es... es mucho".

En la rueda de verbalización cada uno puede hablar libremente, si lo desea, sobre el trabajo realizado o sobre emociones, recuerdos, pensamientos surgidos a partir de dicho trabajo. Los formadores escuchan, facilitan que todos los que lo deseen puedan tener su espacio para poner palabras a lo vivido, observan, y, si lo creen conveniente, pueden intervenir, ya sea haciendo preguntas, recordando otros momentos del trabajo de ese u otro día, vinculando el trabajo a los contenidos teóricos de formación o a la formación práctica o profesional, etc. También pueden hacer en algunas ocasiones, señalamientos, jamás interpretaciones. Nos referiremos a este aspecto concreto en el capítulo 8.

Una alumna dice respecto a la rueda de verbalización: *"Las verbalizaciones en la rueda grupal es uno de los aspectos que más me gratifican de la formación personal, ya que hablar y escuchar a los otros creo que nos enriquece mucho a todos".*

Este espacio de verbalización facilita, además de que cada uno pueda expresar lo que ha sentido, una doble apropiación: la apropiación de conceptos propios de la psicomotricidad, pasados ahora por el tamiz de la propia vivencia, y la apropiación de sentimientos, recuerdos, emociones, sobre uno mismo, surgidos a través de la vivencia corporal y resignificados a partir del proceso de representación verbal o simbólica y de las verbalizaciones propias, de los compañeros o de los formadores, en la rueda de verbalización.

Una estrategia a lo largo de la formación será favorecer la construcción de teorías a partir de las propias vivencias, tal como pasamos a describir. La formación personal pretende que el alumno pueda vivenciar los conceptos centrales que trabajamos en la teoría y la práctica psicomotriz. A partir de estas vivencias, de su propia experiencia personal, irá construyendo conceptos, o bien reconstruyendo conceptos de la teoría a la luz de lo vivido (Camps y García Olalla, 2004a). Los alumnos aprenden que en la rueda de verbalización se hacen muchas veces conexiones con la teoría, a partir de lo que ha acontecido en el trabajo corporal.

Veamos en palabras de un estudiante esta posibilidad de conectar a través de las experiencias de la formación personal, con los conceptos de la teoría y con las prácticas profesionales:

"Me ha gustado mucho observar la «espera» en este espacio sensoriomotor. He podido experimentar que igualmente la espera es jugar con el tiempo. El saber esperar ayudó a que la propuesta evolucionara, y fue importantísimo para poder transformar toda la vivencia a un plano simbólico.

Mucho habíamos hablado de la importancia de esta espera. Inclusive en las sesiones de prácticas habíamos reflexionado sobre la importancia de ella con los niños, pero hoy la he sentido más de cerca y me alegro de haberlo experimentado.

Creo mucho en la espera en el campo de la educación, es sinónimo de respeto al otro, de la espera/respeto del entorno, de la espera/respeto de las circunstancias, en definitiva, de la evolución del otro".

Otra estudiante reflexiona también sobre una experiencia y la vincula a la práctica con los niños:

"Esta experiencia me ha llevado a pensar en que un ajuste no tiene por qué tener movimiento, podemos estar quietos y conectando con el otro, o aparentemente no hacer nada y en cambio estar haciendo mucho. He pensado que en la práctica con los niños muchas veces el no actuar también es positivo, no debemos invadirle, igual que si el niño está quieto y creemos que no hace nada, no debemos juzgar desde fuera porque podemos equivocarnos.

Pasados los meses y releyendo esto, me vienen a la cabeza muchas situaciones con los niños y aspectos personales. Me lleva a reflexionar sobre la importancia de no hacer una acción forzada con el niño. Una simple mirada puede contener al niño, reafirmarlo, hacerle de espejo, ayudarlo a que se construya como persona, y la mayoría de personas no nos paramos a pensar en este hecho... También experimenté esta sensación otro sábado, cuando hicimos el psicodrama con el trío y uno hacía de terapeuta, otro de niño y el tercero de observador. Cuando me tocó hacer de niño, me di cuenta de la importancia de la mirada, porque yo gritaba para que el terapeuta me mirase, y hasta que no me miraba no dejaba de hacerlo, para continuar con otra cosa. ...

Relacionado con la mirada fija, un día en las prácticas a D. le dio una crisis y costó tranquilizarla, pero la mirada fue importantísima para que se tranquilizase".

Otra estudiante habla también de cómo a través de la experimentación ha comprendido un concepto de la teoría y también cómo la vivencia ha sido distinta para cada persona:

"Hemos interactuado con una pareja sin hablar. Hemos coordinado de forma rápida nuestros movimientos. Después hemos realizado balanceos con la espalda hasta que hemos conseguido sincronizar nuestros movimientos. Hemos podido establecer un ajuste tónico que respetaba el deseo del otro. Me ha llamado la atención esta actividad, ya que he entendido perfectamente qué significa el diálogo tónico y la importancia que éste tiene en nuestra práctica. Sin palabras nos hemos podido ajustar a diferentes movimientos, diferentes ritmos, diferentes posturas, siempre escuchando el deseo del otro y respetándolo. El hecho de no utilizar la palabra en esta actividad nos ha ayudado a escucharnos a nosotros mismos y al otro. Esto lo han manifestado los otros compañeros en la rueda, y además hemos podido ver que algunas parejas han vivido experiencias de ajuste tónico-emocional, pero otros han tenido experiencias más displacenteras en las cuales este ajuste no ha sido posible. Y hemos hablado sobre ello".

Y esto ocurre a partir de que el alumno va ampliando su experiencia personal, su conciencia corporal, matizando las peculiaridades de su nueva y recién descubierta identidad corporal, sus inhibiciones y bloqueos en la relación con los otros, porque va integrando aspectos hasta ahora inconscientes que van emergiendo desde la propia dinámica de las sesiones.

Las vivencias tienen progresivamente oportunidad de ser representadas, luego emergerán las teorías sobre uno mismo y, finalmente, sobre el propio proceso de formación. Es un proceso de descentración progresivo, que se construye como una dialéctica permanente entre lo que vivimos y lo que podemos elaborar sobre esas vivencias. Este proceso facilita que el alumno vaya haciendo consciente determinados aspectos de su psiquismo que podían estar reprimidos, pero que se manifestaban en su forma de actuar, de sentir o de relacionarse. Es impresionante la capacidad de pensar y de construir teorías con el pensamiento a partir de estas vivencias. Y esta capacidad de elaboración que se crea en el interior de cada persona y del propio grupo, dependerá del marco y las estrategias que pongamos en marcha en las sesiones de formación personal (Camps y García Olalla, 2004a).

Para Lone Frimodt (2006), la verbalización por parte de los participantes de sus experiencias tiene un lugar central, no tratándose sólo de una verbalización de experiencias personales sino también una verbalización en diálogo. Esto quiere decir que la persona recoge además las reacciones verbales de los otros sobre sus vivencias.

La rueda de verbalización permite conocer cómo el otro ha vivido una misma experiencia, pero también cómo ha recibido alguna intervención propia. Veamos un ejemplo trascrito de una memoria de una estudiante:

"En el momento de interactuar con el resto del grupo me siento muy jovial y exultante. Quiero jugar con los otros compañeros. Provoco juegos colectivos con otras parejas, y parece ser que sólo escucho mi deseo y no el de los demás, pero no soy consciente. Me lo paso estupendamente y creo vivir, con muy poca intuición, que los demás también.

No era consciente de lo que estaba pasando. No me daba cuenta que estaba molestando a alguien.

No fue hasta la Rueda de Verbalización, cuando M. notificó que se había sentido INVADIDA. Cuando alguien (que había sido Yo) la había manipulado. Cuando alguien (que había sido Yo) la había incitado a jugar a algo que a ella no le gustaba. Se había sentido fatal, agobiada.

Aunque una de las formadoras puntualizara y comentara: «el que ella se hubiera sentido así no quería decir que realmente hubiera sido así». Yo empecé a llorar por dentro. Me quedé tan parada que no puede hablar, no pude expresarme. ¿Por qué no supe escuchar? ¿Por qué por mi culpa, alguien se había sentido invadida?

Confesé al grupo que había sido yo, y quise justificarme diciendo que no pensé que hubiera sido un problema porque Yo no me había sentido nunca invadida. Pero ese no era el problema. El problema fue que con mi actuación, hubo alguien que lo había pasado mal. El grupo se despidió y con mucha pena me fui a casa".

Esta misma alumna reflexiona en su memoria sobre este hecho, comprende aspectos vinculados a la importancia de la escucha, la espera, y en la siguiente sesión empieza verbalizando su malestar, tal como dice ella, *"utilizando al grupo como espacio transferencial"*.

Como vemos, la metodología de las sesiones sigue un itinerario: **desde la vivencia corporal a la representación**. Es el mismo itinerario que seguiremos en la práctica psicomotriz educativa y terapéutica, y que, gracias a lo vivido y representado en la formación corporal y personal, el futuro psicomotricista puede comprender de forma más clara.

5. Elaboración de la memoria de la sesión

Hay una última fase, que se da una vez acabada la sesión y que realiza cada alumno de forma individual, en su casa: la *elaboración de su memoria de la sesión*, en la que incluye el trabajo realizado, sus vivencias, pensamientos, emociones, recuerdos, etc.

En la memoria del segundo año del master, además, a partir de las vivencias de las sesiones de formación personal, el alumno puede establecer conexiones con las otras dos vertientes de la formación, eso es, su trabajo en las prácticas con niños a nivel de terapia psicomotriz y con los contenidos de la formación teórica. Es, como hemos mencionado en el capítulo sobre el encuadre, un último momento de este proceso de interiorización y toma de conciencia, un tiempo para poner palabras a sus vivencias, volver a reflexionar sobre ellas, articular lo dicho y escuchado en el grupo. Este momento final permitirá una nueva integración con la formación teórica y práctica. Nos hemos referido ya la memoria y a su importancia en el capítulo 2 (encuadre) y volveremos a retomarla en el capítulo 7 (evaluación).

Una estudiante dice respecto a la elaboración de la memoria:

"La experiencia de formación personal ha sido muy positiva y me ha aportado mucho a nivel personal, pero las reflexiones que durante todos estos meses he estado haciendo en las memorias, me han ayudado a crecer. El hecho de sentarme y dedicar muchas horas a reflexionar sobre lo vivido, a partir de las vivencias del cuerpo, es lo que me ha permitido sacar alguna de las conclusiones a las que he llegado a lo largo de esta memoria".

6. Una sesión como ejemplo

A continuación, a modo de ejemplo sobre la metodología que seguimos en las sesiones, describimos las fases seguidas en una de las sesiones, en relación a la primera propuesta de ese día. Concretamente, es una propuesta en la que el material utilizado son papeles de periódico. Pasamos a describirla.

En el centro de la sala de psicomotricidad y con todos los alumnos alrededor, se va haciendo una montaña gigante de papeles de periódico, separando cada una de sus hojas. Una vez que la montaña es lo suficientemente grande, la formadora dice la primera propuesta:

- "Jugar con los periódicos".

Los alumnos acostumbran a hacer una gran descarga, tirándose encima de los periódicos, escondiéndose debajo, etc. Normalmente la propuesta evoluciona de la descarga a una actividad más calmada, en la que suele aparecer el juego simbólico (disfraces,…).

Cuando las formadoras creemos que la actividad de los alumnos ya ha evolucionado lo suficiente, pasamos a las siguientes propuestas:

- "Descanso" (en la zona de los papeles y con música de relajación).
- "Hacer una construcción con los periódicos, sin ayuda de otros materiales, en el trío de referencia".
- "Construir una gran bola con todos los periódicos y jugar con ella" (todo el grupo).
- Rueda de verbalización.

En esta propuesta podemos ver varias de las fases de trabajo que hemos comentado en este capítulo: vivencia corporal, representación simbólica, rueda de verbalización.

Veamos en palabras de una estudiante la primera parte de esta propuesta (jugar con los periódicos y descanso):

"La propuesta evolucionó espontáneamente de la descarga pulsional a la representación, reproduciendo el recorrido propuesto para el niño y por el niño en la sala de psicomotricidad, y reflejando así la razón de ser de este recorrido: el deseo y la disponibilidad del niño... Iniciamos la propuesta sumergiéndonos en los papeles, lanzándolos hacia arriba, destruyendo la montaña para construir el desorden, el ruido, la emoción, el placer de transformar. Los papeles se mezclan entre sensaciones internas y externas que nos devuelven una mirada hacia lo corporal, hacia un "yo piel", que evolucionó en el tacto y contacto con el otro. La destrucción y descarga tónico-emocional nos permite alejarnos de la emoción, nuestro cuerpo se va desprendiendo de una emoción invasiva, pudiendo construir un camino hacia la simbolización. Escondidas entre los periódicos jugamos a aparecer y desaparecer, ponemos en juego la angustia de perdernos entre los papeles. En la acción más pausada, calmada de la representación, los papeles van tomando la forma de nuestros deseos, y se transforman en lazos, gorros, pelotas, faldas, bikinis, capotes... Surgen una colección de personajes que se van encontrando y transformando mutuamente, porque la descarga que convirtió el orden en desorden, el silencio en ruido, nos transformó también a nosotros y nos permitió la disponibilidad para la escucha, para transformar y ser transformadas en una interacción con el otro.

Después, en la relajación, retomamos las sensaciones corporales, para reconocernos ahora en una mirada más calmada, que cierra un recorrido en espiral: del cuerpo al pensamiento, para volver al cuerpo en una mirada diferente y condicionada por todo el recorrido previo".

Otra alumna, de otro curso, dice respecto a la misma propuesta:

"La actividad ha empezado muy enérgica, tirando papeles, saltando, chillando... Ha surgido el juego simbólico (sombreros, aviones, pelotas...), después la relajación, y con el trío hemos hecho una construcción con papeles de periódico. Así me he dado cuenta que la actividad ha seguido los tiempos que se realizan en una sesión de psicomotricidad: una primera fase de actividad motriz que avanza hacia el juego simbólico, una parada con relajación y un tiempo de representación y verbalización".

En las imágenes 4, 5, 6 y 7 podemos ver distintos momentos de esta propuesta con alumnos del postgrado 2008-2009 de la URV. En ellas aparece: un momento de juego con los periódicos, un momento de distensión, y construcciones con periódicos que hicieron dos de los tríos.

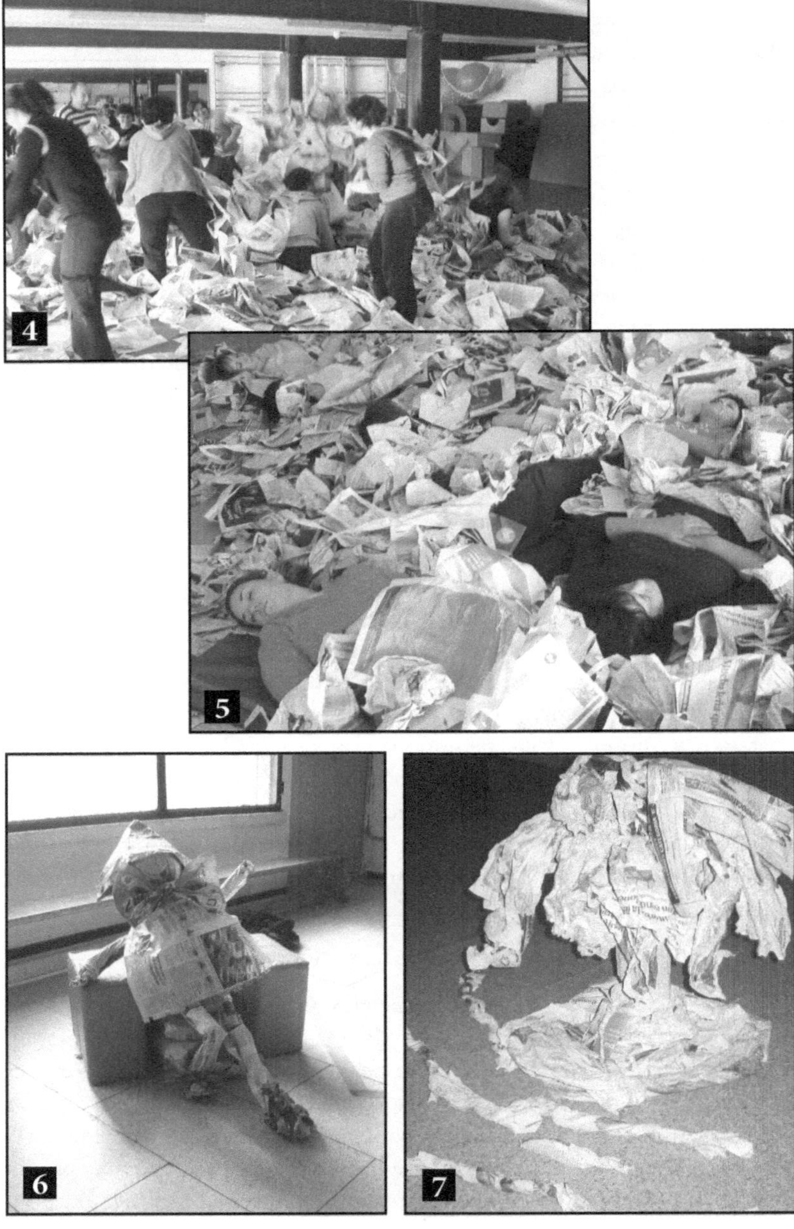

Antes de cerrar este capítulo, queremos hacer mención a que para los formadores, hay una última fase: la elaboración de su diario personal de las sesiones. A partir de dicho diario, se plantean las propuestas para la siguiente sesión, abiertas siempre a los cambios que deban introducirse según cómo está el grupo, cómo reacciona a las propuestas, etc. Tal como indicamos en el capítulo 6, las propuestas no son nunca cerradas, son propuestas abiertas en función de la evolución y del momento del grupo y de los distintos participantes, y se modifican o transforman si es necesario. Este aspecto tiene que ver también con el proceso de supervisión de los formadores, aspecto al que haremos referencia en el capítulo 10.

CAPÍTULO 5

Material en las sesiones de formación personal

*Cori Camps, Juan Mila, Lola García
y Mariela Peceli*

En este capítulo vamos a señalar primero las diferencias en cuanto a la utilización de material en las sesiones de formación corporal y personal por parte de la Universidad Rovira i Virgili y por parte de la Universidad de la República. A continuación describiremos con más detalle la significación psicomotriz y simbólica de los materiales utilizados en dichas formaciones.

1. Uso de material en la Universidad Rovira i Virgili

Tal como hemos dicho, las sesiones tienen lugar en la Sala de Psicomotricidad de la Facultad de Ciencias de la Educación y Psicología. En nuestro caso, en las sesiones de formación personal trabajamos con los mismos materiales con los que los alumnos van a trabajar posteriormente con los niños en educación o terapia. Evidentemente, algunas de las propuestas no requieren ningún material y otras utilizan materiales distintos de los empleados en las sesiones con los niños (por ejemplo, antifaces, botes de olores, velas, periódicos, etc.) y que tienen una finalidad específica para esas propuestas. Pero en otras propuestas sí hacemos uso del material que está en la Sala de Psicomotricidad (colchonetas, estructuras fijas para saltar, espalderas, escalera horizontal, cojines, pelotas, cuerdas, telas, lápices de colores, rotuladores, maderas para construcción, folios, plastilina, barro, etc.) (ver fotos 8, 9 y 10).

El hecho de utilizar en algunas de las propuestas materiales propios de las sesiones de educación o terapia psicomotriz es una de las diferencias entre las formaciones de ambas universidades.

Por parte de la Universidad Rovira i Virgili pensamos que, aunque la finalidad última es la escucha del cuerpo propio y del otro, es interesante que los alumnos utilicen los mismos materiales con los que luego van a

trabajar en las sesiones con los niños, aunque como hemos dicho, esos materiales no se utilicen en todas las propuestas. Creemos que ello les puede ayudar, más adelante, a comprender mejor el placer, las repeticiones, las dificultades, etc., de los niños en las sesiones de psicomotricidad. A este respecto cabe señalar que la práctica totalidad de propuestas que trabajamos con los alumnos son distintas a las que llevamos a cabo en la Sala de Psicomotricidad con los niños, y si alguna es similar (descargas sobre cojines, arrastres, etc.), lo es con la asimetría propia del desarrollo infantil y de nuestros alumnos. Ellos saben que las vivencias, sensaciones y emociones que van a sentir nunca podrán ser las mismas que sienten los niños. Por lo mismo, el uso de los materiales, aunque sean los mismos que utilizamos con los niños, también es distinto con los adultos. Insistimos desde el primer día de formación, que todas las propuestas que vamos a hacer durante el curso no son transferibles a la práctica con los niños, sino que responden al objetivo de posibilitar en los alumnos el conocimiento de las sensaciones de su propio cuerpo, y el reconocimiento de su forma de relacionarse con los otros, y de investir afectivamente los materiales, el espacio y el tiempo, según su propia expresividad psicomotriz.

Creemos que también es útil para su futura práctica profesional, que los alumnos experimenten las distintas sensaciones con los mismos materiales con los que luego trabajarán con los niños (balanceos sobre la pelota o con telas, arrastres con telas, descarga tónica sobre los cojines, saltos, equilibrios, etc.), que, aunque en nada son iguales a las sensaciones que va a sentir el niño, le permiten escuchar las profundas resonancias que esos materiales pueden implicar y cómo además esas resonancias, preferencias, repeticiones, dificultades, sensaciones, emociones o recuerdos que pueden aparecer, van a ser al mismo tiempo diferentes para los distintos miembros del grupo. Todo ello es hablado en el trío y en la rueda de verbalización, y hemos constatado que aporta una gran posibilidad de aprendizaje y escucha sobre uno mismo y sobre los otros. Probablemente también ello va a tener efectos en su práctica, a partir de la vivencia y elaboración que han hecho en las sesiones de formación personal.

Queremos mencionar también que en el segundo año del master, muchas de las propuestas son sin objetos, para favorecer una escucha más profunda de uno mismo y del otro. A este respecto, a veces los objetos pueden actuar como una protección frente al otro o como un mediador de la relación con el otro. Veámoslo en palabras de una alumna en su memoria:

> "Ha sido el primer día de formación personal y creo que si no hubiéramos tenido un objeto con el que actuar, hubiera sido muy difícil la relación con los diferentes miembros de EL GRUPO, e inclusive con nosotros mismos. El objeto ha sido la excusa, o el medio para podernos relacionar y poder facilitar las vivencias a las diferentes situaciones simbólicas que se han ido produciendo y experimentando".

2. Uso de material en la Universidad de la República

Como ya lo hemos señalado, en la Licenciatura de Psicomotricidad de la EUTM, nuestro trabajo se realiza con estudiantes de grado muy jóvenes

–la mayoría tienen 21 o 22 años– que se encuentran cursando la asignatura Psicomotricidad II, donde realiza la práctica técnico-profesional de Educación Psicomotriz.

Tal como lo establecimos más arriba, en un principio, hace ya varios años, trabajábamos en una Sala de Psicomotricidad con los materiales de la Sala. En esos momentos vimos que los estudiantes hacían un uso de los materiales de la sala, y del espacio, "como para entender qué sienten los niños en las sesiones de educación psicomotriz". Nos encontramos con que los estudiantes estaban, por sus prácticas, muy "pegados", muy centrados y pensando en los niños, teniendo poca disponibilidad y disposición para realizar un trabajo sobre ellos mismos.

Por factores institucionales y por opción, implementamos el trabajo corporal específico en espacios que no son salas de psicomotricidad, y hemos realizado un gran esfuerzo para que los materiales que utilizamos en las sesiones de formación con los estudiantes sean diferentes a los de las salas.

Esto es claramente una ruptura con lo esperado, con lo conocido, e implica desde el encuadre el dejar claro que el trabajo corporal específico del psicomotricista es un trabajo sobre y para el estudiante de psicomotricidad, es parte de su proceso personal de formación, no es un espacio donde se "aprenden cosas" para replicar con los niños.

Recordemos que *"nuestro objetivo en el trabajo es que el psicomotricista conozca su cuerpo, que logre representarse su individual y singular forma de relacionarse con otros, de investir cognitiva y emocionalmente a los objetos, al espacio y al tiempo"* (Mila y Peceli, 2007).

Como ya hemos dicho, en la elección del material de trabajo en las sesiones de formación corporal específica del psicomotricista, hemos puesto especial atención a que dicho material no sea el de las salas de psicomotricidad. Consideramos importante que el material permita, como lo hacen los materiales de las salas de psicomotricidad aucouturianas y laperianas, al utilizar material no figurativo, que el estudiante lo invista a nivel cognitivo y a nivel afectivo, con su cuerpo real, con su imagen corporal (que es del orden del inconsciente), es decir, según su historia.

Esta concepción nos ha llevado a introducir materiales que faciliten ser investidos de diversa manera por los integrantes del grupo de formación. Clara muestra de esto es la utilización de desencadenantes de sensaciones, de emociones, de imágenes y de recuerdos como son los perfumes, olores y sabores cotidianos, como el perfume y el sabor del chocolate, de la naranja, del café, de la yerba mate, del orégano, del perejil, del ajo, etc.

Una constante es la presentación en forma reiterada de un mismo material, lo que posibilita que las personas puedan tener varias aproximaciones a él, haciendo entonces evidentes los diferentes niveles de profundización y complejidad en el uso de los mismos (Mila y Peceli, 2007).

Los materiales a utilizar, y la oportunidad de presentación de éstos deben estar en consonancia con nuestros objetivos de trabajo: a) que los estudiantes tomen contacto con contenidos de su inconsciente; y b) posibilitar el acceso a diferentes niveles de representación de lo vivido (*ibíd.*).

3. Significación psicomotriz y simbólica de los materiales

A continuación nos referiremos a los materiales con los que trabajamos en nuestras formaciones, aunque ello no descarta que podamos utilizar otros materiales en propuestas concretas. Al final del capítulo, presentaremos algunos ejemplos de su utilización por parte de los estudiantes y lo que emerge en ellos en relación a determinados objetos.

Aludiremos seguidamente a los distintos materiales, tanto en relación a los aspectos psicomotrices que permiten experimentar, como a su simbolismo. Creemos que el formador debe tener presente las implicaciones de los diversos materiales, a nivel corporal y psíquico, para hacer una lectura de la relación de los alumnos con los elementos, y para devolverles a modo de espejo aspectos que ellos pueden resignificar en relación a sus sensaciones, emociones y a su propia historia de relación.

Tal como señalan Sánchez y Llorca (2008) al referirse a la práctica psicomotriz, hay unos determinados materiales con los que trabajamos en psicomotricidad, que por sus características se convierten en facilitadores de determinadas vivencias: balones, globos, cuerdas, aros, telas, palos, cojines, colchonetas, papel, pintura, etc., y materiales fijos en el espacio, como espalderas, bancos, minitramp, espejo. Hay materiales duros (que no se deforman, y que se pueden golpear) y blandos (que se pueden modificar, se adaptan al cuerpo, se suelen utilizar más en relación consigo mismo, pero también pueden dar paso a la utilización simbólica y a la relación con el otro), grandes (generalmente más deseados) y pequeños, de colores distintos (cada color puede remitir para cada persona a determinadas cualidades). Para estos autores, lo más interesante del uso del material es la dinámica que generan, cómo se utilizan para relaciones consigo mismo y con los otros. En relación al material citan la provocación como uso más frecuente en la relación con el otro; la elección del material respondiendo a veces a un deseo de relación basado en la identificación con el otro; o el uso del material dando forma a la fantasía, llenando vacíos o carencias, el deseo de posesión, de devoración o de destrucción, entre otros. Y se refieren, en relación al uso del material por parte de los niños, a que *"generalmente el uso repetitivo y el aislamiento del grupo nos puede hablar de vivencias regresivas o fantasmáticas en torno al propio cuerpo, mientras que la exploración creativa y la búsqueda de placer sensoriomotor nos refiere a una posición abierta a la dinámica relacional"* (p. 35). Nos parece que toda esta descripción en relación a las características y formas de utilización de los objetos es perfectamente transferible al trabajo en las sesiones de formación personal, y puede ser muy útil para que los estudiantes comprendan las relaciones particulares que establecen con los distintos materiales, las sensaciones que les provocan, cómo los utilizan en relación a su propio cuerpo o como medio de relación con los otros y con el espacio.

Materiales como: estructuras desde las que lanzarse al vacío, saltar, saltar en profundidad; espalderas para trepar; balones grandes y cojines para vivir situaciones de equilibrio y desequilibrio, para experimentar la caída y los balanceos; telas para arrastrarse; rulos para rodar, etc., permiten movilizar la estructura tónico-emocional de los alumnos, con lo que pueden surgir resonancias tónico-emocionales muy profundas, movilizándose al mismo tiempo la sensibilidad propioceptiva, exteroceptiva e interoceptiva. Desde el pensamiento de Wallon, podríamos afirmar, pensando en las estructuras tónico-emocionales, que la movilización del tono también moviliza las emociones.

Los alumnos pueden vivenciar el placer y la reapropiación sensoriomotriz, liberando tensiones, experimentando el contraste tensión-distensión, descargas tónicas, etc. De esta forma, cada alumno puede ir reconociendo sus reacciones tónico-emocionales y su expresividad psicomotriz. Tal como afirma Aucouturier (2004),

> "la caída crea una distensión tónica excepcional que libera el afecto de placer y permite sentir las emociones «sin el otro» (...); la liberación de la motricidad lleva consigo la liberación de las emociones (...), el placer del balanceo ocasiona el deseo de regresión (...), el placer de girar es la expresión del fantasma de acción de girar sobre su propio eje («torbellino»); (...) los juegos de equilibrarse y desequilibrarse, caer, saltar, girar, columpiarse, son actividades que solicitan intensamente el sistema laberíntico y estimulan especialmente la musculatura del equilibrio" (pp. 84-87).

Sabemos de la conexión entre las actividades de equilibrio y desequilibrio, balanceos, tono, con las emociones y con las inscripciones de placer y displacer grabadas en el cuerpo de cada uno desde los primeros intercambios tónicos con la madre (Wallon, 1980; Ajuriaguerra, 1993; Gauberti, 1993; Aucouturier, 2004; Winnicott, 1993). También de la importancia de las sensaciones exteroceptivas y propioceptivas como límite corporal y con sus resonancias tónicas y emocionales profundas en la historia de relación

("Yo-piel" (Anzieu), "envoltura de interacciones recíprocas" (Brazelton), "consonancia afectiva" (Stern)) (ver Bizot y Millot, 1992).

La experimentación con estos materiales (cojines, colchonetas, balones grandes, telas...) facilitan esta reapropiación sensoriomotriz y movilizan la estructura tónico-emocional y pueden ser el origen de resonancias profundas que permitan, a través de la vivencia de sensaciones, el surgimiento de emociones, imágenes y recuerdos que podían estar dormidos, olvidados, puesto que conectan con aspectos muy arcaicos y cargados de emoción y significación en relación a la propia historia de relación.

Vamos a referirnos con más detalle al valor instrumental, afectivo y simbólico de los objetos utilizados en la formación, basándonos en los trabajos de Lapierre (1997) y de Sánchez y Llorca (2008)[1]. Pero antes, como el lector ya conocerá, queremos recordar que el trabajo de Lapierre (1997) se refiere a lo que él denominó el "análisis corporal de la relación", que va más allá de la formación personal del psicomotricista, convirtiéndose en una terapia personal en grupo y en la que además aparece a veces la interpretación de las acciones del participante. Tal como hemos mencionado, la formación corporal y personal que describimos en este libro y que prepara al alumno para su futura práctica profesional como psicomotricista, no es una terapia, aunque pueda tener efectos terapéuticos (nos referiremos con detalle a ello en el capítulo 8). Por otra parte, queremos puntualizar que el trabajo de Sánchez y Llorca está referido al uso de los materiales en la práctica psicomotriz con los niños y no específicamente a la formación personal y corporal del psicomotricista, aunque, tal como hemos dicho antes, pensamos que muchos de los aspectos a los que se refieren pueden extrapolarse a dicha formación, y son los que recogemos aquí.

Igualmente, vamos a comentar aquellos aspectos en relación al simbolismo de los objetos que nos parece que el formador debe tomar en consideración. Como veremos en el capítulo sobre las propuestas de trabajo, muchas de ellas invitan al alumno a utilizar el objeto de la sala que él escoja. Otras veces la propuesta implica el trabajo con un material común para todo el grupo (por ejemplo, cojines, pelotas, telas). En un caso y también en el otro, hay formas particulares de relacionarse con el objeto que dependerán de la historia personal de cada alumno. En otras ocasiones, situamos en el centro de la sala un número limitado de cada uno de los materiales que hay en ella (por ejemplo, un balón grande, dos cuerdas,...), y pedimos a los estudiantes que escojan un objeto e interactúen con él. En este caso, además de poder trabajar sobre la elección de un objeto en particular, pueden movilizarse además otras emociones y actitudes (frustración, precipitación, duda...). La mayoría de las propues-

---

1   Remitimos al lector a dichas referencias para una ampliación y profundización en este
    aspecto.

tas restringen el uso de material y sólo unas pocas permiten la utilización de todos los materiales de la sala. Esta situación nos remite a las palabras de Sánchez y Llorca (2008): *"Si hay mucho material es difícil realizar un investimiento afectivo"* (p. 33), propiciándose la dispersión.

Tal como afirma Lapierre (1997), en un primer momento, los objetos pueden utilizarse de forma espontánea como mediadores que permiten establecer una relación con los demás.

> "Medios de intercambio, medios de agresión o de seducción, objetos de deseo, poco a poco se van cargando de valencias afectivas. Por su dimensión, su forma, su estructura, su contacto o su plasticidad, se prestan con facilidad a una utilización simbólica en la que el cuerpo se encuentra implicado. Se verán pues investidos de una dimensión simbólica, mediante un significante imaginario que sustituye el significante material, objetivo" (p. 109).

Esta substitución, tal como afirma este autor, puede ser consciente o inconsciente, pero incluso en el primer caso no excluye una implicación afectiva:

> "llevar algo a cabo, incluso simbólicamente, obliga a asumir el deseo, a materializar el fantasma y a sentir toda su carga emocional. De hecho, puede ocurrir que, a partir de esta implicación consciente, aparezcan y se expresen sentimientos inconscientes" (p. 109).

No hablamos de un significado simbólico igual para todos los participantes, sino que para cada uno de ellos las vivencias que va a provocarle el material, y las sensaciones, imágenes o recuerdos que puedan movilizar, van a ser siempre distintas, tamizadas por sus experiencias y por la propia historia de relación desde los inicios. Tal como afirma Lapierre (1997):

> "Los objetos que utilizamos no tienen ningún significado simbólico por sí mismos. Tan sólo tienen una serie de características físicas como la forma, el color, la textura, la función... Cada una de las cuales puede permitir una transposición analógica. Entonces, en ese momento y para esa persona, el objeto adopta un sentido particular. Sea consciente de ello o no, el sentido que le doy al objeto es una producción de mi deseo y solamente de él. Lo manipulo siguiendo mi deseo" (p. 110).

Una alumna dice al respecto: "En estos momentos, lo que en un principio supuso la elección del objeto de una manera espontánea, sin aparentemente ningún significado simbólico, se había transformado en todo un objeto con un sentido particular".

Según Lapierre (1997), cualquier objeto puede representar cualquier cosa según la fantasía del momento, pero, como todos los seres humanos tienden a percibir y a utilizar las mismas analogías, ciertas representaciones aparecen de forma repetitiva. A este respecto, Lapierre cita los más "típicos" en relación a los diferentes objetos. Nosotros vamos a recoger aquí alguno de estos simbolismos, remitiendo al lector, para su ampliación, al texto citado. Igualmente, vamos a referirnos a los aspectos instrumentales y psicomotrices que permiten trabajar cada uno de los materiales[2]. Veamos alguno de los objetos, que también nosotros utilizamos en las distintas propuestas:

- **El aro:** para Lapierre (1997), de forma consciente o inconsciente, es percibido generalmente como un "espacio cerrado" en el cual se puede introducir el cuerpo. Esta noción de espacio cerrado es la que sirve de base a la analogía y sobre esta base constituye una cadena de significantes simbólicos, como la casa (lugar de seguridad), el vientre, el útero o la madre; la cárcel que me encierra; yo mismo, encerrado en los límites de mi cuerpo. Estos son algunos de los significantes analógicos, cargados de afectos diversos, según los recuerdos y las experiencias acumuladas por cada participante. Otra posibilidad de transposición analógica que plantea este autor es que en este espacio se puede penetrar. "*La penetración es un significante muy cargado de afectos, de fantasmas más o menos culpables... Mediante su utilización en la relación, el objeto permite abordar simbólicamente ciertas situaciones conflictivas: penetrar en el espacio del otro, ser aceptado o rechazado en él; invitar al otro al espacio de uno, capturarlo, encerrarlo, expulsarlo...*" (p. 111). Se puede entrar en ese espacio, pero también hay que salir de él, lo que puede remitir al nacimiento o a la ruptura fusional. A nivel psicomotor permiten trabajar la coordinación dinámica, segmentaria y óculo-manual (coger, tirar, rodar, girar...). Pueden facilitar también relaciones de cercanía, al compartir el espacio dentro del aro.

- **Los balones:** podríamos referirnos a ellos como la metáfora de la "madre". Según su tamaño, el investimiento afectivo será diferente. Los de talla media se identifican frecuentemente con el seno materno, pero también pueden remitir a la madre entera. Los balones grandes son madres buenas, con los cuales uno puede abandonarse; pueden ser utilizados como el sustituto de un cuerpo que le ofrece contención, un objeto sobre el que se abandona y que le propicia sensaciones agradables de balanceo, aunque también con ellos se puede ser agredido (Lapierre, 1997). Los balones son un material muy dinámico, que facilita las relaciones, introduciéndose en el espacio respetando las distancias corporales. Permiten trabajar las conductas motrices básicas (coordinación dinámica general, segmentaria y

---

2   El texto ya citado de Sánchez y Llorca (2008) permite un mayor desarrollo al respecto.

óculo-manual), al poder realizar actividades de tirar, botar, chutar, lanzar, recibir. Asimismo, los de gran tamaño permiten vivenciar los balanceos, equilibrios, desequilibrios, estimulando las sensaciones propioceptivas. Los balones pueden servir como una invitación al juego con el otro, pueden utilizarse, en relación al otro, como unión, provocación, enfrentamiento, colaboración, dominación, dependencia; o en relación consigo mismo, aislamiento, contención, posesión. Los de menor tamaño pueden simular un embarazo, un pecho, etc. (Sánchez y Llorca, 2008).

- *Las cuerdas:* en este caso, las trasposiciones analógicas remiten a distintas imágenes: el lazo que une (puede simbolizar el cordón umbilical y como metáfora de la vinculación con la madre), el lazo que ata (símbolo de dominio para quien ata y de sumisión para el que se deja atar); la agresión al otro o a uno mismo (Lapierre, 1997). En relación a los aspectos psicomotrices, permiten trabajar la coordinación dinámica y segmentaria (saltar, hacer nudos, equilibrios, juegos de resistencia, trepar).

- *Las telas:* de distintos tamaños, colores y texturas, representan analógicamente todo lo que se puede envolver, como la placenta (o la envoltura materna), la intimidad (la protección frente a la mirada de los demás), la agresión (dimensión sádica), el disfraz, que permite la identificación con personajes imaginarios (Lapierre, 1997). A nivel psicomotriz, permite trabajar las sensaciones propioceptivas (balanceos, arrastres, fuerza...), reactualizando las primeras sensaciones de movilidad y contacto que se experimentan en nuestro cuerpo, y pudiendo llevar a situaciones de regresión, igualmente que la vivencia del balanceo, que puede remitir a los primeros cuidados maternales, la coordinación segmentaria (anudar, doblar...), los equilibrios y desequilibrios (arrastres de pie sobre una tela), la vivencia del esquema corporal (arrastres). Su suavidad y flexibilidad permite realizar caricias sobre el cuerpo, facilitando la relajación y la calma. Permiten también acotar espacios (casas...), compartir espacios íntimos, o relaciones de oposición, a través de luchas. No podemos obviar el juego simbólico, representado determinados personajes. También pueden tener una función de contención, permitir arroparnos, construyéndonos un límite, una protección, a modo de una segunda piel. O uno puede aislarse, desaparecer de la mirada de los otros, escondiéndose bajo la tela.

- *El papel:* permite experimentar sensaciones propioceptivas y la coordinación dinámica general (arrastres, caídas, acercamiento al suelo), la coordinación óculo-manual (rasgar, doblar...) y la vivencia de sensaciones primarias como envolverse, romper, llenar el cuerpo, modificarse, etc. Permiten también liberar tensiones, desculpabilizando la agresividad. El acercamiento al suelo rememora etapas de la infancia. Estas sensaciones pueden provocar sensaciones agradables o desagradables, en función de la historia previa de cada uno. También permite el juego simbólico, haciendo disfraces, representando roles o personajes. Por último, el papel amontonado permite crear espacios nidos, en los que descansar solo o junto a otros.

- *Los palos:* pueden ser palos de madera, tubos de goma espuma, picas… Permiten trabajar la coordinación óculo-manual (golpear, batear, ritmo). A nivel simbólico, normalmente están vinculados al poder y la dominación, facilitando los juegos que permiten la liberación de las pulsiones agresivas, o, desde una interpretación más dinámica, puede remitir al falo como símbolo de identificación sexual y de género. Permite asimismo penetrar en el espacio del otro.

- *Los cojines y colchonetas:* posibilitan la exploración de sensaciones perceptivo-motrices y favorecen la mayoría de vivencias que Aucouturier (1995) asocia al segundo nivel de expresividad motriz (tirar la torre de cojines, dispersarla, volverla a apilar), amplificando el placer del juego sensoriomotor (saltos, caídas, equilibrios, desequilibrios, juegos de estimulación vestibular, empujarse, lanzarse, etc.). En relación al otro puede aparecer: golpear, encerrar, aplastar, la posesión, dominación, construcción, cooperación; y, en relación consigo mismo: el juego sensoriomotor, el refugio, la regresión, continente, límites. Pueden surgir construcciones a nivel simbólico (casa, etc.), pueden utilizarse como continente, desaparecer… (Sánchez y Llorca, 2008).

- *Otros materiales:* utilizamos también materiales fijos, como espalderas, bancos suecos, minitramp, o espejo, los cuales permiten trabajar la coordinación dinámica general, equilibrio, esquema corporal… En otros momentos hacemos uso de materiales para pintar, dibujar, modelar o para construir, como maderas de diferentes tamaños, longitudes y formas. También utilizamos materiales distintos a aquellos con los que trabajamos en la sala de psicomotricidad con los niños, por ejemplo, peluches, frascos con distintos productos para experimentar con los ojos cerrados a través de los olores, tacto… (tarros con cacao, pimienta, café, etc.), o una naranja o un trozo de chocolate que damos a cada estudiante, con el que pueden experimentar a través de todos los sentidos, menos la vista.

Es interesante observar los materiales que los alumnos escogen, la repetición en los mismos, las características según la propuesta a trabajar o la situación previa, etc. A modo de ejemplo, podemos citar una de las propuestas en la cual, una vez que los alumnos han trabajado los conceptos de fusión, oposición, seducción y colaboración de forma individual e interactuando entre ellos, a continuación se les propone que en el trío de referencia y con todos los materiales de la sala que quieran, experimenten de nuevo estos conceptos (se van dando progresivamente en este orden y se marcan los tiempos). En esta propuesta, en general, los alumnos escogen para la fusión materiales como los balones grandes, espumas redondas, espumas en forma de U, aros, telas; para la oposición, palos, cuerdas, espumas largas y más bien rígidas; para la seducción, telas en general; y para la colaboración, maderas para construcciones, o cojines con la misma finalidad, telas, etc. Vemos cómo el material facilita la experimentación de la fusión, la oposición, la seducción o la colaboración. La reflexión sobre este aspecto permitirá que los alumnos descubran la ayuda que los materiales pueden ofrecer para trabajar determinados aspectos con los niños o la persona con la que van a intervenir. Simultáneamente, el saber acerca del simbolismo de los mismos, puede permitirles una introspección sobre el por qué de sus elecciones y preferencias. Asimismo, pueden resignificar las sensaciones que experimentan con los distintos materiales.

Otro ejemplo en relación a la utilización de materiales. Después de un trabajo de contención de la pareja, la persona que hacía el rol activo se aleja y la persona que hacía el rol pasivo interactúa sola, con los materiales de la sala que desee. Después de este trabajo de contención previo, todos los integrantes del grupo buscaron objetos blandos: balones grandes, rulos, espumas en forma de U, telas, globos o pelotas medianas para hacer recorrido por el propio cuerpo, y aparecieron actividades de balanceo, equilibrio… Son formas de seguir buscando la contención, la envoltura, la calidez que habían experimentado con la pareja.

Un último ejemplo: después de estar mucho rato hablando en la rueda de verbalización y de que se generase una situación emocional intensa a partir de verbalizaciones muy cargadas de emoción de algunas de las personas, pasamos a la propuesta de trabajo, en la cual debían interactuar con un objeto de la sala (sólo uno, pusimos algunos de cada tipo en una montaña en el centro de la sala para que cada uno escoja el que desee). Todas las personas que se sintieron más movidas emocionalmente (que hablaron de aspectos personales, con fuertes resonancias emocionales) escogen objetos que podríamos llamar "maternantes", como telas grandes (con las que se cubren), balones grandes (sobre los que se abandonan), peluches, aros… En cambio, los compañeros que estuvieron pendientes en la rueda de verbalización, que sin duda quedaron también "tocados" emocionalmente, pero con la tensión propia de escuchar a alguien que está hablando de algo suyo que le causa dolor, escogieron palos (con los que descargan la tensión acumulada) u otros objetos similares. Este hecho puede devolverse después en la rueda de verbalización, a modo de espejo, si es el caso, para que cada uno pueda pensar en el objeto que escogió y cómo lo utilizó para tramitar su estado emocional.

El equipo de Montevideo ha utilizado un dispositivo y una estrategia de trabajo que también ha incorporado el equipo de Tarragona, y es la propuesta de provocar la movilización tónico-emocional a través del estímulo sensorial olfativo, de olores cotidianos.

Describamos brevemente la actividad: en primer lugar, se llevó al grupo a un trabajo de distensión tónica con ojos cerrados; luego se anticipó que se les daría a cada integrante del grupo un objeto a explorar; a continuación se puso en la mano de cada uno, un frasquito o potecito conteniendo elementos cotidianos, como café, yerba mate, orégano, cacao, etc.; y, por último, se acompañó la exploración del objeto permitiendo el surgimiento de sensaciones, emociones, recuerdos e imágenes.

Los integrantes de los diferentes grupos de formación en el momento de la rueda plantean comentarios que mostraron cómo para cada uno de los integrantes del grupo los olores habían provocado y fueron vividos con sentimientos diferentes, diversos, de felicidad, de rechazo, de agrado, de desagrado, etc. La mayoría recordó aspectos de su historia, y varias personas se plantearon algo vinculado a sus relaciones objetales o conectado a su manera de explorar el material. Así mismo, otros relacionaban la forma de vincularse con el material con su forma de estar en el mundo, de situarse en la vida.

> "La experiencia con los olores nos condujo al Recuerdo, la Memoria histórica pasó al presente. Recordé mi infancia. Mi cuerpo se impregnaba de una sensación muy placentera y jovial. El olor del cacao era diversión, juego, inocencia, placer, comunicación. El olor a café era seriedad, respeto, no molestar...".

Antes de acabar este apartado, queremos referirnos a otro material con el cual los alumnos no interactúan corporalmente, como los que hemos visto hasta ahora, pero sí se utiliza en muchas de las propuestas. Nos referimos a la **música**.

En las sesiones de formación personal utilizamos en distintas propuestas, diversas clases de música. La música debe estar totalmente ajustada al momento y a la propuesta sobre la que los alumnos van a trabajar. En el Master de Terapia Psicomotriz de la URV utilizamos la música preferentemente en el primer año de formación. En el segundo año la empleamos sólo en momentos muy puntuales (por ejemplo, en la relajación o en algún momento de descarga o juego colectivo a través del baile). Pensamos que durante el segundo año los alumnos deberían hacer un trabajo personal de profundización en sí mismos, en su propia escucha, y la música puede llegar a actuar a modo de tercero capaz de distraer la atención hacia esa escucha. De hecho, durante el segundo año la música no se utiliza en prácticamente ninguna de las propuestas de trabajo. También se utilizan menos materiales que el primer año y no se puede hablar mientras duran las propuestas. Pensamos que todos ellos (objetos, música, palabra) actúan como terceros que dificultan la escucha del propio cuerpo, las sensaciones, las emociones, las imágenes que pueden surgir, así como la escucha del otro.

Refiriéndonos a la música, además del ajuste a la propuesta que vamos a trabajar, es importante que los formadores reconozcan los efectos psicológicos (relajación, fusión, etc.) que puede generar, así como que tengan en cuenta las posibles resonancias culturales de la misma para el grupo y los distintos participantes.

Para Frimodt (2006) es importante que el psicomotricista analice qué va a obtener utilizando la música y por qué la ha escogido como medio de trabajo. La música influirá en los distintos ejercicios y va a hacer nacer impulsos en cada uno de los participantes. Esta autora afirma que asimismo es importante dejar trabajar a los participantes sin música, para darles la posibilidad de despertar impulsos distintos y por eso quizás descubrir nuevas posibilidades de movimiento, o encontrar otras maneras de actuar y expresarse.

CAPÍTULO 6

Propuestas en las sesiones de formación personal

*Cori Camps, Juan Mila, Mariela Peceli
y Lola García*

> *"Buscamos que el psicomotricista adquiera una forma de relacionarse donde el cuerpo, la tonicidad, la actitud y la postura, el gesto, la actividad motriz espontánea y el juego en sus distintos niveles, cumplen un rol de primera importancia" (Mila y otros, 2000).*

Tal como hemos mencionado en el capítulo 4 (metodología), la formación personal presenta niveles progresivos de simbolización: el placer del juego y el placer sensoriomotriz, percepción en relación con las sensaciones del propio cuerpo, los objetos y los otros; simbolización y representación.

Nuestro objetivo en el trabajo es que el psicomotricista conozca su cuerpo, que logre representarse su individual y singular forma de relacionarse con otros, de investir cognitiva y emocionalmente a los objetos, al espacio y al tiempo; que se aproxime a su expresión psicomotora, que tenga vivencias de su inconsciente (Mila y Peceli, 2007).

Los contenidos centrales de las propuestas remiten de forma general a:

a) La reapropiación del placer sensoriomotor.
b) El reconocimiento y concienciación de la expresividad psicomotriz de cada participante.
c) Una toma de conciencia de las relaciones con el otro (proceso transferencial y actitudes del psicomotricista).
d) Vivir situaciones simbólicas.
e) Un proceso de representación (dibujo, escritura, modelado, verbalización).

Las propuestas se refieren también, en muchos casos, a otro aspecto: el encuentro con el objeto y con el sonido (Mila y otros, 2000). De hecho, en el capítulo 5 hemos hecho mención ya al trabajo con los objetos y con la música, por lo que aquí vamos a desarrollar los contenidos mencionados, puesto que creemos que estos dos aspectos están ya de forma implícita en los distintos contenidos de las propuestas que expondremos a continuación. Por otra parte, durante todas las propuestas trabajamos también la relación con el espacio y con el tiempo.

Nos parece que estas palabras de una alumna en su memoria ilustran ese encuentro con uno mismo y con el entorno:

> "Vivo la experiencia como una continua sorpresa donde de algún modo se conoce el espacio por primera vez, cada rincón de la sala es (re)descubierto, cada compañera es (re)conocida, cada material es (re)experimentado, el cuerpo es (re)vivido".

Es necesario subrayar que si bien se hace una planificación o previsión de la sesión, en función del grupo, de los participantes, de la dinámica y la evolución del grupo, de lo que ha pasado en las sesiones anteriores, etc., las propuestas siempre son dinámicas, nunca estáticas.

A continuación vamos a desarrollar los contenidos centrales de las propuestas.

1. Reapropiación del placer sensoriomotor

Las situaciones propuestas permiten al alumno reapropiarse de una dimensión sensoriomotriz y emocional más o menos olvidada y que no pertenece al orden del lenguaje. Se trata de reencontrar en la relación con los demás, en un lugar y tiempo presente, modos de sentir y de actuar arcaicos. Esto le permitirá posteriormente comprender la expresividad psicomotriz del niño. Tal como especifica Aucouturier (1985), estas situaciones se aproximan a las que vive el niño, pero aunque se parezcan a nivel de movimiento y tonicidad, no tienen nada en común en el plano sensorial, emocional y fantasmático. Ahora bien, según este autor, *"pueden ser fuente de una gran emocionalidad y sobre todo el origen de una verbalización con resonancias muy profundas"* (p. 60) Sirven para abrir al adulto hacia el placer del juego, de las sensaciones, del movimiento. En palabras de Mila *et al.* (2000),

> "se trata de lograr en el adulto una mayor sensibilización de su cuerpo, tendiente a desarrollar la capacidad de resonar tónico-emocionalmente, en definitiva, lograr un mejor encuentro con su propio cuerpo que flexibilice el encuentro con el otro".

Siguiendo a Valsagna (2003):

> "El saber acerca del propio cuerpo, desarrollando una mirada y una escucha sensible, proporciona al profesional de la Psicomotricidad mayores

posibilidades de establecer comunicación, de comprender al otro en su demanda, de adecuar sus propios mensajes corporales, y de poder participar más eficazmente en un diálogo tónico. Hay una comprensión corporal desde la propia vivencia, desde las propias reacciones corporales, desde la percepción propia, que permite abrirse a la percepción del decir corporal del otro" (p. 6).

Las propuestas serán de vivenciar el placer y la apropiación sensoriomotriz. En el primer caso, se favorece la liberación de tensiones, la explosión emocional, el descubrimiento de la comunicación no verbal (situaciones que propician estimulaciones laberínticas y vestibulares, descargas tónicas, rupturas tónicas, situaciones del placer del movimiento, ritmos).

En el segundo caso, esto es, las propuestas de apropiación sensoriomotriz, se trata de situaciones que preparan una apropiación global o más precisa, pero favorecen también las situaciones de ajuste tónico (empujar, tirar..., investigar con los ojos cerrados), profundizando la relación tónico-emocional con el espacio, con los objetos y con los otros, o una apropiación más centrada en sí mismo (relajamiento tónico, tensión-distensión, apoyos, simetría, etc.) (Ver Aucouturier, 1985).

He aquí un ejemplo extraído de una memoria:

"Al entrar en contacto con los objetos y con los ojos cerrados, surgen diferencias sustanciales. A través del tacto, los objetos duros los percibo más voluminosos que los objetos blandos, aunque con la realidad visual no resulte así. La proporción también se modifica".

Tal como indica Mila (2002), iniciamos esta formación a partir de propuestas centradas en el cuerpo real y el esquema corporal. Propuestas de placer y apropiación sensoriomotriz, de competencias motrices (coordinación, equilibrio-desequilibrio...) y que implican la percepción de las sensibilidades interoceptiva, exteroceptiva y propioceptiva. Hablaríamos de la exploración de las posibilidades del propio cuerpo (el cuerpo en movimiento, el cuerpo y el espacio, tensión-distensión, ritmos, equilibrios-desequilibrios) (Mila *et al.*, 2000). A partir de estas vivencias, cada participante irá reconociendo sus reacciones tónico-emocionales y su expresividad psicomotriz, emergiendo así su imagen corporal. El trabajo a nivel tónico-emocional y las rupturas tónicas, por ejemplo, a través de la respiración, pueden hacer surgir contenidos del inconsciente, a partir de la profunda vinculación entre el tono y las emociones.

En palabras de una alumna:

"Con la relajación se experimentan fenómenos cognitivos, sensaciones corporales y emociones intensas, tal y como queda expresado en el análisis al final de la sesión, y que ponen de manifiesto la puesta en juego de la globalidad, cómo esta relajación (trabajo del tono, respiración) incide más allá del cuerpo. Durante la relajación parecen desaparecer los brazos o los límites entre el suelo y el cuerpo, siento una energía que recorre el organismo, se conecta con emociones apartadas, aparecen imágenes y palabras que se fugan... Son algunos de los comentarios de los compañeros en el círculo de verbalización".

El trabajo corporal sobre el cuerpo real puede llevar a un adulto-psicomotricista (tal como vemos en el trabajo con niños) a vivir experiencias corporales que hacen surgir imágenes inconscientes de su cuerpo. Estas imágenes pueden remitir a la infancia temprana, pueden implicar el experimentar vivencias sensibilizadoras muy primarias, o pueden significar el revivir situaciones pasadas, a veces dolorosas, en general olvidadas o reprimidas (Mila, 2002).

Una alumna explica en su memoria lo mal que se sintió con una de las propuestas sobre las sensaciones propioceptivas y la relación con el espacio y con los otros, y su extrañeza por todo lo que esa situación, que le parecía totalmente controlable, le había movido a nivel emocional, ya que incluso había tenido que abandonar la actividad. Después de explicar la situación por la que pasó, continúa:

"...He de admitir que la reacción que he tenido hoy me ha sorprendido mucho, pero después de lo que cabría esperar, después de todo lo que he comentado, llego a la conclusión de que la sorpresa ha sido grata, y esto lo puedo decir porque no me quiero quedar con la experiencia negativa, sino que después de trabajarlo mucho, lo he podido aceptar, y no vivirlo como una debilidad sino como una fortaleza por el hecho de ser valiente para trabajar con mi inconsciente, ya que es una parte de nosotros a la que a menudo tenemos miedo. Yo personalmente he tenido muchas veces el pensamiento de que toda yo soy consciente, y ahora me doy cuenta que no es así, y que gracias a descubrirlo y admitirlo lo podré trabajar".

Y más adelante en su memoria dice:

"Darme cuenta de que hay aspectos míos inconscientes que nunca había pensado y que nunca me había trabajado, me ha hecho replantear muchos aspectos de mi vida y ha creado en mí nuevas inquietudes para seguir trabajando y formándome".

Otra alumna expresa al final de su memoria:

"Las primeras emociones vividas durante la formación personal me asustaron, nunca hubiese imaginado que las emociones me pudiesen desbordar de tal forma. Pero al final he sabido encontrar la parte positiva, esto es, que la formación personal ha tenido un sentido para mí, y es que he conocido aspectos personales que todos estos años me habían pasado por alto: la forma como me relaciono con los otros, el papel que tengo dentro del grupo, los miedos y las angustias, las sensaciones con el movimiento, con el espacio. He podido reflexionar sobre la observación y la vivencia del cuerpo, del sentido del juego con las pelotas, del placer y displacer frente al equilibrio y la caída, del diálogo tónico, del juego de roles...".

En una línea muy próxima a la que trabajamos nosotros, Lone Frimodt (2006), en Dinamarca, plantea dos niveles de trabajo corporal con psicomotricistas: un nivel concreto de trabajo a nivel de la conciencia corporal, y un segundo nivel psicocorporal y psicosocial. El primer nivel es el nivel concreto (la conciencia corporal). La toma de conciencia de la conciencia corporal parcialmente inconsciente se obtiene a partir de ejercicios propuestos por el psicomotricista y efectuados individualmente según las capacidades y los antecedentes personales de cada participante. Los temas son corporales y concretos, como posiciones corporales habituales, límites corporales, la espalda, la marcha, la postura o la respiración. El segundo nivel se basa en la toma de conciencia de la conciencia parcialmente inconsciente, y con ésta se obtiene un conocimiento bastante objetivo de las posibilidades del cuerpo. En este nivel los temas son de un carácter más psicocorporal y psicosocial, como el contacto psicosocial, los límites psicocorporales. Abarca la comunicación verbal y no verbal, el dar y el recibir, o emociones como la agresividad. Para esta autora, a partir de este trabajo el alumno tiene la posibilidad de redescubrir su sensibilidad, de tomar contacto con sus dolores reprimidos, de reencontrar sus limitaciones y su historia, y especialmente se le da una posibilidad de liberación en lugar de quedarse dentro de antiguos modelos corporales, sentimentales o de acción. Tiene una posibilidad de explorar sus recursos personales.

En esta apropiación del placer sensoriomotriz no podemos olvidar las vivencias con los distintos materiales, lo cual permitirá a los alumnos poder comprender y dar sentido a las vivencias de los niños, con el valor que los materiales tienen para la psicomotricidad y no de forma instrumental o arbitraria, estar ajustados con los materiales, saber lo que queremos propiciar con ellos. También será útil para aprender sobre las posibilidades motrices y cognitivas que tienen los materiales y poderlos ajustar a las distintas competencias motrices y cognitivas de los niños (Sánchez y Llorca, 2008).

2. Reconocimiento y concienciación de la expresividad psicomotriz

A partir de las vivencias sobre el cuerpo real y del encuentro con los objetos y con los otros irán surgiendo imágenes del cuerpo de orden inconsciente (Mila, 2002), que remitirán a la imagen corporal. Esquema e imagen corporal están íntimamente relacionadas en lo que llamamos la unidad psicosomática del ser humano, y forman lo que Aucouturier denomina la "totalidad corporal", que define como una relación dialéctica entre estos dos polos: el cuerpo entendido como instrumento (EC), y el cuerpo entendido como una imagen (IC) vinculada a una historia de relación. Una imagen que se conecta y se manifiesta a través de las emociones, la pulsión, el deseo y que necesariamente se ha de vehiculizar a través de la funcionalidad del cuerpo (ver Camps, 2002).

En las propuestas de trabajo se deben buscar situaciones que conduzcan al participante de la formación al reconocimiento de sus reacciones tónico-emocionales, a percibir las fluctuaciones de su tono, a percibir y conocer su gestualidad y actitudes con el fin no sólo de reconocerlo en el otro sino de poder responder adecuadamente desde su gestualidad y su tono, ya que la vía de abordaje privilegiada en los tratamientos psicomotores es el cuerpo y su sensoriomotricidad.

Siguiendo a Potel (2010), el trabajo sobre la expresividad psicomotriz permite una comprensión de la comunicación no verbal, impregnarse de lo que es esencialmente una comunicación no verbal, es decir, la comunicación a través del cuerpo y de la expresión del cuerpo; lo que para esta autora supone una cualidad indispensable: haber aceptado una cierta regresión en sí mismo para reinvestir, con total conocimiento de causa, esta sensorialidad primaria y esta comunicación primitiva, que actúan toda la vida, pero que son transformadas, sublimadas en actividades altamente secundarias, por los procesos madurativos simbólicos. En su formación para ser psicomotricistas, los estudiantes deberán aceptar dejar de lado un "saber hacer" muy valorado, volver a construir, desconstruir, esta organización sofisticada, para comprender los procesos y para volver hacia la escucha de *"esas pequeñas cosas del cuerpo"* que pasan desapercibidas, a las cuales no prestamos jamás atención cuando habitamos un cuerpo integrado, unificado, localizado. Para Potel, este proceso implica aceptar un cierto nivel de regresión, para que esta desconstrucción "llegue a ser un terreno exploratorio investido, que autorizará el advenimiento de un terapeuta para la escucha del otro, un terapeuta que invista el cuerpo en sus procesos de transformación simbólica para la construcción del sujeto" (p. 427). Así, los estudiantes explorarán un cierto número de estados corporales, mediatizados por actividades muy típicas, o, al contrario, muy atípicas.

Ello permitirá, en un primer momento, acceder a un cierto conocimiento inhabitual de ellos mismos, y a un contacto con su ser profundo; en un segundo tiempo, ser sensibilizados a una escucha corporal que pasará por esta nueva sensibilidad a la sensorialidad y a la comunicación no verbal; y, por fin, explorar la dimensión de acompañamiento terapéutico, esencialmente en grupo.

Este conocimiento de modos de comunicación corporales y sensoriales se apoyará en una puesta en palabras grupal.

Será gracias a que ha sido estimulado este reconocimiento en sí mismos de sus vivencias primarias, arcaicas, emocionales, gracias a la comprensión de ese "alfabeto sensorial", que los estudiantes podrán luego trabajar como psicomotricistas con bebés, niños autistas o psicóticos y con todas aquellas personas que presentan en su desarrollo, o en ciertos momentos de su vida, discontinuidades, disociaciones en su sentimiento de sí (Potel, 2010).

Otro de los aspectos sobre los que vamos a trabajar será la toma de conciencia del proceso que sigue el niño en su evolución psicológica, desde la fusión inicial hasta su autonomía, después de poder separarse de sus figuras parentales. ¿Cómo voy a reconstruir algo de la fusión inicial y al mismo tiempo sustancialmente diferente? (Tomás, 1999). Para favorecer este proceso de elaboración personal, vamos a proponer situaciones que permitan al alumno transitar de nuevo por su propio recorrido pulsional y le permitan hacer consciente aspectos de su psiquismo, a partir de la comprensión de sus reacciones tónico-emocionales ante las distintas situaciones: consignas sobre la fusión, la oposición, la colaboración, o sobre la individualidad, la pareja, el trío, el grupo, serán algunas de las propuestas en este sentido.

Tal como afirman Sánchez y Llorca (2008), es muy importante que los estudiantes en su proceso de formación puedan vivir y analizar cómo son sus vivencias del equilibrio, de la caída, de las distintas posibilidades de movimiento, analizando

> "las emociones, recuerdos, sentimientos que nos vienen en las vivencias desde la posición del suelo hasta el ponerse de pie, entendiendo cada uno a partir de su propia historia, sus dificultades, sus necesidades y sus ambivalencias en su propia maduración desde el nacimiento, desde la dependencia y fusionalidad con las figuras de apego, hasta la separación y la construcción de la identidad, y cómo en todo este proceso se ha vivenciado el sostén, el acompañamiento ofrecido por las figuras parentales, y cómo en ocasiones aparece el miedo a caer, la confianza en la sujeción de los otros, el deseo de volver al suelo, el vértigo o el mareo" (p. 151).

Estas vivencias nos permiten analizar nuestra propia historia y nuestras competencias para acompañar y dar seguridad a los otros. Todo ello nos permitirá entender que los juegos que los niños realizan en la sala de psicomotricidad va más allá del sentido instrumental de las competencias sensoriomotrices, podremos detectar sus dificultades y acompañarlos en la exploración de estas vivencias.

En el reconocimiento de la expresividad psicomotriz de cada participante van a jugar un papel relevante los formadores y el resto del grupo, puesto que podrán actuar como un espejo. Este proceso de devolución va a ir surgiendo en distintos momentos de las sesiones (verbalizaciones con la pareja con la que se ha trabajado, con el trío, en el grupo) y también bajo la consigna de observación de la mitad del grupo por parte de la otra mitad y la devolución y el análisis posterior (Camps y García Olalla, 2004a).

Será importante también el trabajo sobre los mediadores corporales de la relación: la mirada, los gestos, la voz…

Progresivamente, el alumno irá adquiriendo la capacidad para convertirse en su propio espejo, pudiendo percibir las más insignificantes modificaciones somáticas de su implicación tónico-emocional. Tal como dice Aucouturier (1985), la finalidad de la formación personal *es alcanzar la capacidad de comprender y comprenderse, de llegar a ser uno su propio espejo"* (p. 80). García Olalla (2000) se refiere a ello cuando dice:

> "Debemos abrirnos a la dimensión de la auto-observación para poder clarificar los significados de nuestra propia acción… es también una capacidad para distinguir lo que viene del niño y lo que viene de nosotros porque hay niños que nos «tocan» afectivamente, unos más que otros y en sentidos diferentes; ser conscientes de estas «resonancias afectivas» y poder reflexionar sobre ellas es también poner una mirada sobre nuestra persona, una mirada que nos ayudará a la descentración y a la reflexión sobre nuestra práctica y será fuente inagotable de evolución profesional".

3. Toma de conciencia de las relaciones con el otro (proceso transferencial y actitudes del psicomotricista)

Sin un proceso de formación personal, el dispositivo transferencial, que se pone en marcha en toda relación humana, provocará que la comprensión, intervención e interacción del psicomotricista con el niño se desvíe y se pierda entre los fantasmas, deseos, frustraciones, etc. de su propia realidad psíquica.

La intervención psicomotriz implica la puesta en acto de dos totalidades corporales: la del psicomotricista y la del sujeto que recibe la intervención. Por ello, es imprescindible acceder a una formación personal que le permita al futuro psicomotricista evidenciar sus deseos, sus frustraciones, y su propio recorrido hacia la construcción de la totalidad corporal (Camps y Tomás, 2003). Pero también, siguiendo a Parrinha

(1993), es fundamental una formación personal en la que pueda trabajar con sus propios mecanismos de defensa. Uno de los objetivos de la formación va a ser desenmascarar los mecanismos de defensa insalubres. Será la escucha de uno mismo la que posibilitará la escucha adecuada del otro, evitando proyecciones que no nos permitirían tomar la distancia suficiente, para no confundir al otro y ayudarlo a constituirse como sujeto (Camps y Tomás, 2003).

En el mismo sentido, refiriéndose a la práctica de ayuda, Rota (1993) afirma que la intervención del psicomotricista necesita una implicación corporal con la distancia necesaria que nos permita intervenir de un manera ajustada. Las resonancias tónico-emocionales empáticas recíprocas (en palabras de Aucouturier) son muchas veces intensas en la intervención psicomotriz, y la formación personal posibilitará que el psicomotricista no se pierda en el niño. Es la totalidad corporal del psicomotricista la que interviene a través de las funciones de contención, reconocimiento y espejo. Es necesaria, pues, una formación personal que trabaje sobre la propia totalidad corporal y que permita la adquisición de un sistema de actitudes (seguridad, ley, escucha, acompañamiento...) y el control de las propias resonancias afectivas; una formación que permita *"dejarse tocar desde la distancia; en definitiva, la necesidad que se establezca una relación transferencial positiva..."* (Rota, 1993).

Muchos de los aspectos con los que vamos a trabajar en psicomotricidad van a implicar la existencia previa de una relación transferencial: diálogo tónico, empatía tónica, disponibilidad corporal. Vamos a detenernos algo más en este concepto. La transferencia fue definida por primera vez por Freud en 1905: *"son las repeticiones de vivencias, afectos, relaciones objetales, experienciadas anteriormente y que el paciente deposita esta vez en la figura del terapeuta"*. Hablamos de vivencias, afectos, relaciones objetales, experimentadas anteriormente, pero que son actuadas en el aquí y ahora. En nuestro caso, en la relación que se establece en el seno de un grupo de formación personal, y, por tanto, entre los miembros integrantes del mismo y entre éstos y el o los formadores. Aparece aquí un desplazamiento que puede generar enormes malentendidos si no es tenido en cuenta, ya que el otro pasa a ocupar el lugar de objeto con el que relacionarse, más allá de la realidad objetiva y consciente. Hablamos de la realidad psíquica, de una realidad no necesariamente consciente y marcada siempre por la subjetividad, atravesada por nuestra historia personal anterior, que nos hace cifrar y descifrar lo que nos llega del otro de una forma absolutamente original, única e individual (Camps y Tomás, 2003). Así pues, una buena formación personal permitirá que la relación transferencial se convierta en el motor de la transformación de la persona con la que el psicomotricista va a intervenir, puesto que *"sólo desde una relación transferencial pueden movilizarse las estructuras profundas"* (Parrinha, 1993). Se trata en definitiva de que el alumno tome conciencia de las relaciones transferenciales en el seno del grupo, dentro de este proceso de formación personal.

La transferencia va a intervenir en los siguientes aspectos actitudinales del futuro psicomotricista. Son competencias o actitudes sobre las que vamos a trabajar en la formación personal y que se construirán a partir de la vivencia de determinadas situaciones propuestas por los formadores (Camps y García Olalla, 2004a):

- Diálogo tónico: Va a ser una de las bases del trabajo psicomotriz. El futuro psicomotricista debe ser capaz de ajustarse tónicamente a la persona con la que va a trabajar. Para Contant y Calza (1991), precisamente la especificidad de la psicomotricidad se encuentra en esta capacidad de encuentro con el otro en un estadio arcaico que pone en juego todos los procesos emocionales anteriores a la constitución del lenguaje. Tal como afirma Aucouturier (1985), *"el punto crítico en la intervención del psicomotricista estriba en la calidad de la acogida, en lo ajustado de la respuesta tónica, gestual y postural"* (p. 63). Al hablar de gestualidad expresiva del psicomotricista debemos referirnos también a que éste sea capaz de observar su propio estado tónico en la relación con el otro y capte las motivaciones del mismo. Saber observar el tono y la emoción en uno mismo permitirá la distancia necesaria para poder responder a la demanda del niño.

- Contención: El psicomotricista debe desarrollar su capacidad de poder ser modificable, transformable a nivel tónico-emocional y a también a nivel motor y postural. Poder actuar como entorno maternante, segurizante, permaneciendo a la vez como autoridad estructurante (ver Aucouturier, 1995, 1997), siendo una figura de ley y seguridad en su intervención con el niño. Una ley que asegure al niño tanto física como psíquicamente. Esto implica diferenciar entre una ley frustración, que se articula con el deseo del niño, y una ley represión, que ignora ese deseo.

- Empatía tónica: Nos remite a la capacidad de hacer una lectura tónica del cuerpo del niño y observar su expresividad psicomotriz, lo cual permitirá captar la demanda inconsciente del niño, dar sentido a su acción y aportar una respuesta tónica ajustada a su demanda. La empatía está vinculada a la capacidad de espera y a la escucha, una escucha cercana al niño, que nos permitirá estar más próximos a su inconsciente, pero con cierta distancia para no ser invadidos por su emoción.

- <u>Disponibilidad para la escucha y la aceptación del otro</u>: Esta disponibilidad implica la aceptación del niño tal cual es, reconocerlo como fruto de su propia historia, y como portador de un deseo de bienestar, desde el que partir y construir. La escucha está implícita en el diálogo tónico o en la empatía. Así, Llorca y Sánchez (2003) nos recuerdan que la actitud de escucha requiere una empatía tónica, con un ajuste muy profundo a nivel tónico que, progresivamente, irá produciendo un ajuste a distancia. Tal como postula Aucouturier (1985), *"esta formación para la escucha es un largo itinerario que debe desembocar en una máxima capacidad para descentrarse hacia el niño: aceptar y recibir con más sensibilidad (y las menores resistencias posibles) los contenidos, formas y sentidos más variados de la expresividad psicomotriz; emocionarse y comprender, para no rechazar, juzgar ni condenar"* (p. 60). Podemos observar en esta escucha su analogía con lo que en psicoanálisis denominamos atención flotante, que implica un escuchar sin juzgar, censurar ni criticar. Desde este punto de vista, la posición del psicomotricista es la de un acompañante que contiene, responde e interroga al sujeto, pero también que opera al modo de un espejo en el que el otro puede ver reflejados sus deseos, aspiraciones y obstáculos con los que se encuentra interna y externamente en sus relaciones consigo mismo y con el entorno; y que le dificultan la satisfacción de los mismos (Camps y Tomás, 2003). Este espejo opera también en el seno del grupo de formación personal, entre los formadores y los alumnos. Así, las acciones de éstos bajo la mirada del formador, toma un sentido nuevo (de forma similar a lo que ocurre en la intervención psicoanalítica), sin olvidar que "una persona no puede aceptar más que aquello que es capaz de recibir", por lo que no vamos a dar interpretaciones ni anticipar algo que no ha emergido previamente de los propios sujetos.

Cerenini (1993), al hablar sobre la formación personal del psicomotricista, sintetiza alguno de los aspectos mencionados hasta aquí, diciendo que el niño puede acceder a una transformación de sí mismo desde una dimensión tónica emocional, sólo *"si el niño está en relación con un adulto maleable y transformable a su vez, que sepa ponerse en escucha empática y sepa actuar en asimetría, que reconozca sus límites proyectivos y controle sus dinámicas de deseo"* (p. 41).

Como vemos, esta autora se refiere tanto a aspectos actitudinales, que hemos comentado ya en el primer apartado, como a otros aspectos que tienen que ver con el funcionamiento del psiquismo, en muchos casos a nivel inconsciente.

En la misma línea podemos situar las palabras de Rota (1993):

"Especialmente en la intervención con sujetos con una totalidad corporal fragilizada o desestructurada se producen situaciones transferenciales, a partir de las cuales la intervención del psicomotricista adquiere significación en relación con la historia corporal originaria del sujeto" (p. 37).

Estas situaciones requieren una sólida formación personal para poder establecer una relación transferencial positiva.

La intervención del psicomotricista y la puesta en acto del sistema de actitudes puede estar condicionada, en muchos casos, por aspectos vinculados a su propia historia y que condicionan su actuación de forma inconsciente. Aquí cabe citar, además del mecanismo transferencial, los *mecanismos de defensa* frente a las situaciones de frustración, cuando el deseo encuentra obstáculos para su realización, a través de los cuatro destinos pulsionales posibles: *represión* (proceso que apunta a mantener en el inconsciente todas las ideas y representaciones ligadas a las pulsiones cuya realización, generadora de placer, afectaría al equilibrio del funcionamiento psicológico del individuo al convertirse en fuente de displacer. Freud la consideraba constitutiva del núcleo original del inconsciente), *formación reactiva* (transformación de un deseo inconsciente juzgado culpable en un deseo consciente que se le opone), *vuelta contra sí mismo* (el sujeto destina su energía libidinal al propio yo, para intentar obtener la satisfacción a través de sí mismo; puede llevar tanto a un narcisismo como a una autoagresión (Tomás, 1993), o *sublimación* (actividad humana –creación literaria, artística, intelectual, religiosa– sin relación aparente con la sexualidad, pero que extrae su fuerza de la pulsión sexual desplazada hacia un fin no sexual, invistiendo objetos valorados socialmente), y sus ramificaciones (Camps, 2005).

En otros momentos, el psicomotricista puede proyectar sobre la persona con la que interviene algunos deseos que provienen de él, pero cuyo origen él mismo desconoce y atribuye a una alteridad exterior (*proyección*). En simetría con el mecanismo de proyección, la *introyección*, como mecanismo de defensa, se refiere al modo en que el sujeto hace entrar fantasmáticamente los objetos del afuera en el interior de su esfera de interés, incorporando por tanto elementos del mundo externo al interior de su psiquismo. La introyección está en la base de la *identificación*: proceso central mediante el cual el sujeto se constituye y se transforma asimilando y apropiándose, en momentos clave de su evolución, de aspectos, atributos o rasgos de los seres humanos de su entorno (Roudinesco y Plon, 1998; Tomás, 1993).

"Es imposible que la intersubjetividad no esté presente en la relación con el otro. Resulta por ello imprescindible acceder al propio conocimiento, para evitar distorsiones en la percepción de las relaciones objetales, debidas a los mecanismos de *proyección* e *introyección*. Es en función de éstos, que atribuimos al otro nuestra propia conflictiva y los mecanismos de defensa que hemos incorporado frente a la misma, para constituirnos como sujetos" (Camps y Tomás, 2003).

Una alumna expresa en la memoria, a partir de **dar-se cuenta** de una proyección suya en la intervención con los niños:

"¡Qué importante es la formación del psicomotricista para evitar proyecciones en los niños!, ya que es facilísimo proyectar... Es un mecanismo de defensa que hacemos servir como el respirar, sin dar-nos cuenta de él. La proyección sobre el niño dentro de la sala puede ser fatal porque no escuchas su deseo, lo que necesita y así no le ayudas. Hemos de aprender a descubrir nuestras proyecciones. El tener un espacio donde poder expresarnos facilita poder modificar esto. No hemos de tener miedo a nombrar las cosas, aquello que nos pasa. Nombrar es definir, y definir es empezar a controlar, porque no se puede tener control sobre lo que no se puede definir o nombrar".

En palabras de otra alumna:

"...la posición del tercero en mi vida siempre ha sido variable, no sabiendo bien dónde posicionarlo y al mismo tiempo no sabiendo tampoco dónde ponerme yo. La separación, la soledad, la oposición son manera de distanciarse del otro, de una relación dual de la que todos partimos y de la que es necesario poder separarse para encontrar la propia esencia. De alguna manera, a mí me ha pasado esto con el trabajo personal que he hecho este segundo año del Master. Separarme de cosas o personas, crear nuevos caminos... Me siento afortunada de haber hecho este trabajo tan profundo de mí misma este año y también me siento feliz de ver los resultados en mis compañeras, he podido descubrir resistencias y proyecciones que hacía en ellas...; hemos trabajado a conciencia y a inconsciencia...".

Otra alumna se refiere también a cómo proyectamos en los otros, después de una situación en la que medio grupo debe observar al otro medio y luego al revés, y después del trabajo se habla con la pareja de la observación que han hecho:

"Estuvimos comentando muchos momentos en común de nuestras actuaciones y analizamos situaciones confundidas por ambas partes. Habíamos construido la imagen de la otra en varias ocasiones en función de nosotras mismas, de nuestros criterios, de lo que cada una proyectaba en la otra. Solemos observar aquello que ya tenemos dentro y en ocasiones nuestras valoraciones están en función de las expectativas o deseos que nos hemos formado".

En esta misma situación de observación, expresa otra alumna en su memoria:

"En general, en el trabajo de observación surgen resonancias afectivas a partir de identificaciones y proyecciones de las que se debe tomar conciencia. Así, X dice: «me he puesto triste porque Z no ha podido tirar la torre». El sentimiento surge más bien desde algún aspecto suyo que desde el de la observada".

Hemos observado también, en ocasiones, cómo el psicomotricista repite con insistencia determinadas situaciones. Podríamos hablar aquí de la "*compulsión de repetición*", o proceso inconsciente, y como tal, indominable, que obliga al sujeto a reproducir secuencias (actos, ideas, pensamientos) que en su origen generaron sufrimiento y que han conservado ese carácter doloroso (Roudinesco y Plon, 1998).

Es importante que el psicomotricista conozca todos estos procesos psíquicos para poder tomar conciencia de ellos y hacer una intervención lo más ajustada al deseo, carencias y necesidades del niño.

Se trata, en definitiva, de que el alumno tome conciencia de las relaciones transferenciales en el seno del grupo. ¿Cómo vamos a desarrollar estas competencias actitudinales? A través de distintas propuestas que impliquen la relación e interrelación con el otro, su escucha y el ajuste tónico. Basándonos en Aucouturier (1985), citamos algunas de estas situaciones para vivir el ajuste tónico: situaciones globales (conducir, dirigir, acompañar..., ocupando alternativamente un rol activo o pasivo), situaciones más precisas (la apertura tónica, la simultaneidad, la sintonía o fusionalidad, la ruptura tónica, el acuerdo, la oposición) (Camps y García Olalla, 2004a).

3.1. Un ejemplo

Vamos a ilustrar este apartado con un trabajo previo (Camps y Tomás, 2003) en el cual desarrollamos la propuesta de "acompañar al otro" como una forma de abordar las relaciones transferenciales.

Es justamente esa noción de acompañar, y no de dirigir o actuar sobre el otro, la que nos ha llevado a ejemplificar las manifestaciones de la relación transferencial en la formación personal, precisamente en sesiones que se han realizado bajo esta consigna: acompañar y ser acompañado.

Antes de desarrollar los aspectos metodológicos en relación con dichas sesiones, vamos a revisar brevemente el tratamiento teórico del concepto "acompañar" en la literatura especializada.

Para Aucouturier (1997) "acompañar" es permitir que el otro actúe, por tanto, permitirle ser, porque actuar es ser. Implica que la persona que acompaña tenga la capacidad de intuición para percibir cuándo el otro necesita puntos de referencia de seguridad y cuándo no. Aquí aparece el problema de nuestras "proyecciones": ofrecer permanentemente puntos de seguridad no es más que la proyección de nuestras angustias. Si envuelvo permanentemente al otro no hay referencias de seguridad.

Acompañar también es hacer propuestas, pero ser capaz de escuchar las respuestas del otro, para saber si nuestra propuesta está ajustada a su deseo. Existe el peligro de estar proyectando el propio deseo. En la persona que acompaña debe haber capacidad de espera. Acompañar es una situación de empatía en la acción.

Para este autor, la intervención psicomotriz responde a la filosofía de respetar a la persona, en tanto sujeto único que debe tener la posibilidad de expresar su mundo interno, pero para ello es necesario ofrecerle una calidad en la relación, que le permita ser. ¿Cómo voy a ayudarlo? Acompañándolo en lo que él es. El primer acto es acompañarlo en lo que sabe hacer, luego puedo hacerle propuestas, pero debo escuchar siempre la respuesta que obtengan mis propuestas. Ese acompañamiento pone al niño en las mejores condiciones para que pueda desarrollarse como sujeto (Aucouturier, 2002).

Para Cerenini (1993) acompañar implica rodear, envolver, proteger sin invadir, cuidando al niño, acogiéndolo a él y a su historia. Para poder actuar como entorno maternante y como autoridad estructurante debemos establecer una relación con el niño de escucha y de acogida, una relación de comprensión que acompañe y sea cálida (Camps y Tomás, 2003).

En estas teorizaciones sobre "acompañar" aparecen distintos conceptos, que remiten a las actitudes del psicomotricista y que hemos desarrollado ya más arriba: diálogo tónico, contención, empatía, escucha.

Conducir, dirigir, acompañar, son algunas de las situaciones globales que permiten vivir un ajuste tónico más matizado (Aucouturier *et al.*, 1985). En palabras de una de las alumnas:

> "Considero interesante esta práctica en el sentido de poder experimentar la necesidad de ajustarse al otro, tanto a nivel corporal como afectivo-emocional, teniendo presente el ritmo, la espera, la comunicación no verbal, el contacto,... siempre en función del deseo del otro".

Ahora bien, ¿cómo trabajamos el "acompañar" en la formación personal del Master en Psicomotricidad? Veamos una posible propuesta:

Trabajamos el rol de "acompañar" y "ser acompañado" en la última sesión de formación personal. El trabajo sobre "acompañar" de esta última sesión se vincula con el trabajo sobre "conducir" y "ser conducido", desarrollado en la segunda sesión de formación personal. En esta segunda sesión, partiendo de una actividad previa en la que se trabaja básicamente con las sensaciones interoceptivas, exteroceptivas y propioceptivas vinculadas al propio cuerpo, se indica a los alumnos que exploren el espacio con los ojos cerrados. A partir de esta experimentación individual, se les propone buscar una pareja y se les da la consigna de "conducir" y "ser conducido", roles que harán alternativamente cada uno de ellos (veinte minutos cada uno).

Esta sesión permitirá poder diferenciar posteriormente los conceptos de "conducir" y de "acompañar". Concretamente, el trabajo sobre "acompañar" y "ser acompañado" empieza de nuevo con una exploración individual con los ojos cerrados. Pasados unos veinte minutos, se les indica que busquen una pareja y esta vez se da la consigna de "acompañar" y "ser acompañado". De nuevo, cada miembro de la pareja pasará por los dos roles. Tanto en una sesión como en la otra, el trabajo se realiza sin hablar.

Una vez finalizado, cada uno de los componentes del grupo escribe individualmente qué cree que es "acompañar" y "ser acompañado" y cómo se ha sentido en ambos casos. A continuación se trabaja el tema con el trío de referencia, y finalmente en el grupo (espacio de verbalización). Creemos necesario volver a precisar que el trío se constituye el primer día de formación personal, con la única condición de no conocerse previamente. Su función es la de ser un referente estable a lo largo del curso y a él se acude ya sea para realizar algunas actividades conjuntamente, ya sea para utilizarlo como un espacio de reflexión más privado que el grupal.

A partir de aquí reflexionamos sobre los conceptos de: "acompañar", "ser acompañado", "no acompañar", "conducir", "hacer compañía"... y los aspectos actitudinales e inconscientes asociados a los mismos.

Damos la palabra a los alumnos, enseñantes de este proceso.

Formas posibles de actuar el rol de acompañar:

A partir de este trabajo podemos observar distintas formas de actuar, entre ellas (no sería posible describir aquí todos los matices que puede asumir una persona en este rol): algunos quieren proteger tanto que protegen a su pareja e incluso a la de otro; otros, más que acompañar, dirigen y mandan (la persona que tiene un rol activo de dominar lo hace tanto cuando acompaña como cuando es acompañado); otros dan referencias para avisar del peligro o de alguna posible experimentación (por ejemplo, pegar golpes con las manos en un banco, en el suelo, en la pelota, o en la columna para que no choque) pero luego dejan experimentar al otro; algunos sujetan fuertemente a la otra persona y otros van abandonando progresivamente el contacto...

Qué es "acompañar" y "ser acompañado" según la elaboración realizada en cada trío de referencia:

A) Acompañar:

Sí es acompañar:
- Observar los matices del deseo del otro, esperar, escuchar su tonicidad y necesidades, apoyar cuando te reclame, valorar el peligro y actuar en consecuencia.
- Ser compañero, que actúe, seguridad psicológica, permitirle iniciativas.
- Respetar su deseo, ayudarle cuando lo necesita, hacer de continente, darle seguridad.
- Permanecer a su lado, presencia, dándole apoyo, seguridad y libertad; actuar cuando lo pide o necesita, protegerlo, cuidarlo.
- Dejar actuar al otro, ponerte en su lugar sin proyectarle tus deseos, dar seguridad y confianza.
- Servir de apoyo al otro; estar disponible, a la escucha del otro, segurizarle.
- Estar a su lado, vigilando por su seguridad, y estar disponible para favorecer al máximo su propia autonomía.
- Estar cerca del otro, pero dejarlo que experimente; avanzarte a los posibles peligros; ofrecerle un continente a través del contacto, escucharle tónicamente; saber esperar; adaptarte a su ritmo; darle seguridad y confianza.
- Escucha, distancia, empatía, estar disponible, anticipar peligros, respetar su deseo, estar como figura segurizante, observarle y hacer un lectura tónica de su cuerpo.

No es acompañar:
- Darle todo hecho, anticipar su deseo, no esperar, abandonarlo, que haga lo que quiera, invadir.
- Rechazar compartir lo que desea, conducirlo a donde no quiere, interpretar las acciones de los otros a partir de una impresión personal.
- Mostrar indiferencia, proyectar los propios deseos en el otro y no proporcionarle ningún tipo de seguridad ni confianza.
- Proyectar tus deseos (conducir) o no estar atento.
- Si no hay un espacio o idea en común no es acompañar, sólo es hacer compañía.

B) Ser acompañado:

- Confianza, seguridad, que te dejen hacer sin que te dirijan.

- Actuar libremente con la confianza de tener un apoyo. También implica escucharse a uno mismo.
- Poder descubrir, reconocer, explorar con la seguridad y apoyo que te da la otra persona.
- Saber que no estás solo; sentir seguridad y confianza; experimentar según tu deseo, sin que el otro lo haga por ti.
- Poder arriesgarse con seguridad, enriquecimiento de vivencias y apertura a nuevas posibilidades.
- Ser escuchado, ayudado y protegido.
- Seguridad, independencia, dependencia, frustración, distancia, tranquilidad para explorar, enriquecimiento, sentir que haces bajo la mirada del otro (matizan lo siguiente: independencia porque puedes experimentar escuchando tu propio deseo y dependencia porque muchas veces amplías tus vivencias ya que tienes la seguridad de la mirada del otro).

Diferencia entre "conducir" y "acompañar":

Tal como decíamos en el apartado anterior, las vivencias de esta sesión permiten comprender las diferencias entre conducir y acompañar, en sus formas activa y pasiva. Veamos qué escriben distintos alumnos al respecto:

- *"A diferencia de ser conducido, con la experiencia de ser acompañada me he sentido mucho mejor, dado que me desplazaba y actuaba en función del propio deseo. En cambio, en el ser conducida, debes ir al ritmo y actuar en función del deseo del otro, siendo tú quien va con los ojos cerrados, con lo que creo que la inseguridad y la angustia aumentan. Además creo que a pocas personas les debe gustar ser conducidas, incluso cuando esta conducción tiene el objetivo de ayudar al otro".*
- *"El concepto de acompañar/ser acompañado es distinto al de conducir/ser conducido. Representa también tener confianza en la otra persona y dejarse llevar por ella, pero al mismo tiempo tienes el poder de decidir dónde quieres ir y qué quieres hacer. Aunque la otra persona te guía (ella representa tus ojos), debe ser ella la que se adapte a tus deseos y no al revés".*
- *"Está muy relacionado con el conducir pero es a la inversa. Al acompañar debes dejar que el otro decida y prestarle la ayuda que necesite, ajustarte a él y a su movimiento. También aquí está implicado el ajuste tónico".*

Vamos a finalizar con la transcripción de la reflexión realizada por una alumna en su memoria:

"Acompañamos desde la empatía y el respeto al deseo y la autonomía, con una actitud cálida. Acompañar es estar a su lado, cerca, que te pueda tener al alcance cuando lo necesite. El acompañamiento implica escuchar las iniciativas y demandas del otro, y responder a éstas, ajustarse, no anticiparse. Para acompañar bien y ofrecer seguridad, el acompañante debe sentirse seguro, y apreciar el placer del movimiento, porque desde ahí trabajamos, así como mostrarse presente: le damos pistas avisándole de obstáculos, ofreciéndole puntos de referencia, sugiriendo cosas que hay a su alrededor, que pueda usar como quiera, porque acompañar es también sugerir, proponer, no imponer. Esto me recuerda el ritual de entrada en las sesiones con los niños, cuando estamos sentados en círculo, se habla sobre lo que hay en la sala y lo que se puede hacer con los elementos disponibles. En cambio, una transformación excesiva o insuficiente por parte del acompañante, no permitirá el acompañamiento. Debe existir una transformación mutua, de modo que el que acompaña siga ciertos criterios en su transformación, y pueda ofrecer cierta permanencia, sin diluirse en el deseo del otro. Por otra parte, tampoco es ajustada la sobreprotección, que invade y anula o impide el deseo de la persona a la que acompañamos: si nos anticipamos y predeterminamos la actividad, dirigimos, no acompañamos. Descuidar la seguridad también obstaculiza el deseo, que necesita cierta garantía para atreverse a la materialización".

En las palabras dadas por nuestros alumnos, a partir de su propia experimentación y vivencia, vemos que aparecen conceptos vinculados a "transferencia" y "acompañar" como: diálogo tónico, proyección, escucha, contención, empatía, espera...

Como hemos podido confirmar a través de las verbalizaciones de los alumnos, es imposible que la intersubjetividad no esté presente en la relación con el otro. Resulta por ello imprescindible acceder al propio conocimiento, para evitar distorsiones en la percepción de las relaciones objetales, debidas a los mecanismos de proyección e introyección. Es en función de éstos que atribuimos al otro nuestra propia conflictiva y los mecanismos de defensa que hemos incorporado frente a la misma, para constituirnos como sujetos. Desde el inicio de nuestra existencia somos en función del deseo del otro. Es la dinámica de este deseo y del que nosotros vamos construyendo "a posteriori", la que rige nuestros modos de relación.

También en el aquí y ahora de la formación personal en Psicomotricidad, quedan transferidas las huellas de las primeras relaciones objetales, tanto desde el lado del formador como del aspirante a serlo. Resulta pues imprescindible acceder al conocimiento de los avatares de nuestro recorrido pulsional, si nuestro deseo es facilitar una formación personal

sólida y rigurosa, en torno a la teoría y praxis de la psicomotricidad
(Camps y Tomás, 2003).

4. Vivir situaciones simbólicas

El juego simbólico es esencial para el desarrollo psicológico del niño,
le permitirá atenuar su malestar y disminuir sus angustias: angustia de
pérdida del cuerpo, angustia de devoración, para entrar en procesos
posteriores de identificación. Los juegos de destruir, de perseguir, del
escondite, del lobo, son universales porque tienen un gran significado
en la historia profunda de todos los niños, significados que nacen de
su primera relación con el otro. Todos los niños en dificultad quedan
"tocados" por estos juegos: se esconderán para ser encontrados y tener
la prueba de que el otro no les ha olvidado, encontrarán un gran placer
en el miedo a ser perseguidos, jugarán al lobo hasta identificarse con él...
Jugar le permite al niño superar sus angustias, desdramatizarlas, elaborar
y transformar sus fantasmas. El psicomotricista ha de ayudar al niño a
vivir sus fantasmas, ha de favorecer el desarrollo de estos juegos que
permiten asegurarse al niño a nivel profundo. Lo más importante no será
la interpretación, sino la disponibilidad del adulto hacia estas producciones, que permita desdramatizarlas y evolucionarlas hacia una dimensión
simbólica. Para esta ayuda es preciso que el adulto pueda trabajar con
sus propios fantasmas, a través del juego simbólico, lo cual le permitirá
comprender la significación profunda que tienen para el niño (Camps y
García Olalla, 2004a).

*"La formación del psicomotricista debe prepararle para el juego sim-
bólico del otro, ayudándose de su gestualidad y de su lenguaje para facilitar la maduración infantil"*, afirman Llorca y Sánchez (2003: 49). El
psicomotricista debe haber vivenciado diferentes roles en los juegos de
la sala, para poder comprender posteriormente las manifestaciones del
niño.

> "El psicomotricista debe dejar salir su imaginación, su fantasía, entrando en
> el lenguaje simbólico de los personajes y el uso de los objetos, expresando
> a través de ellos, nuestras historias, recuerdos, fantasías y compensaciones.
> A veces hay personas demasiado intelectuales, que no pueden dejar de
> funcionar desde la racionalidad" (Sánchez y Llorca, 2008: 153).

A lo largo de la formación proponemos distintas situaciones de juego
simbólico, en función de cada grupo y de su propia evolución, y otras
veces se hace la propuesta abierta de hacer un juego simbólico (en el
trío, en pequeño grupo, en todo el grupo) y son los propios alumnos los
que organizan su juego. Recordamos, por ejemplo, cómo todo el grupo

se puso de acuerdo para realizar una boda gitana o para representar una reunión de una comunidad de vecinos. Los roles que cada uno asume en estas situaciones, cómo se genera el juego, lo que cada uno siente cuando representa ese personaje, etc., tiene lugar después para ser hablado y resignificado.

5. Proceso de representación

El capítulo 9 tratará explícitamente de la representación simbólica. Aquí hacemos una breve referencia a qué propuestas incluye el proceso de representación. Siguiendo las fases a nivel metodológico que hemos descrito en el capítulo 4, a partir de una situación de vivencia corporal proponemos el paso a la representación. Esta puede darse a través de distintas propuestas: realizar un dibujo, o un modelado con plastilina o barro, en relación a la experiencia. También pueden utilizar distintos materiales a la vez para hacer esta representación. Estas producciones pueden hacerlas de forma individual o en el trío, o por parejas, dependiendo de lo trabajado antes. Otra propuesta es que cada uno escriba cómo se ha sentido a partir de la vivencia, o entre todas las personas del trío elaborar una historia. Hay muchas posibilidades distintas de representación y normalmente vamos variando la propuesta a lo largo de las sesiones. También hablamos de representación durante las verbalizaciones sobre el trabajo corporal con la persona que han trabajado, en el trío, o en el grupo. Veamos unas imágenes como ejemplo de distintas producciones (ver fotos 11 a 17).

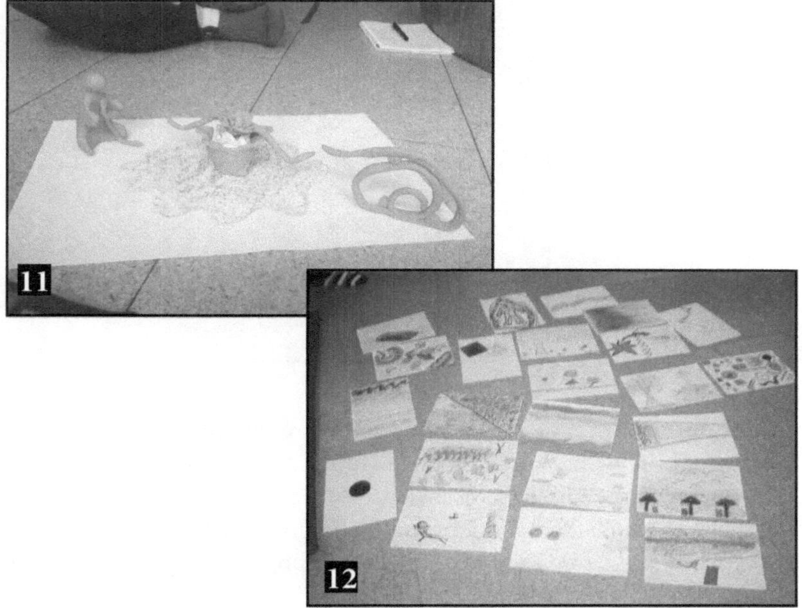

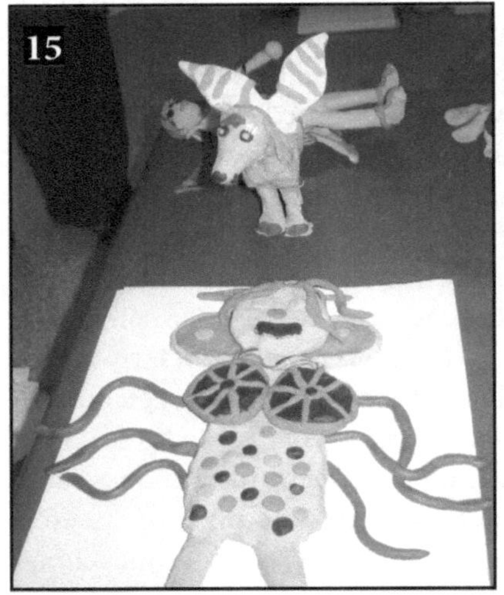

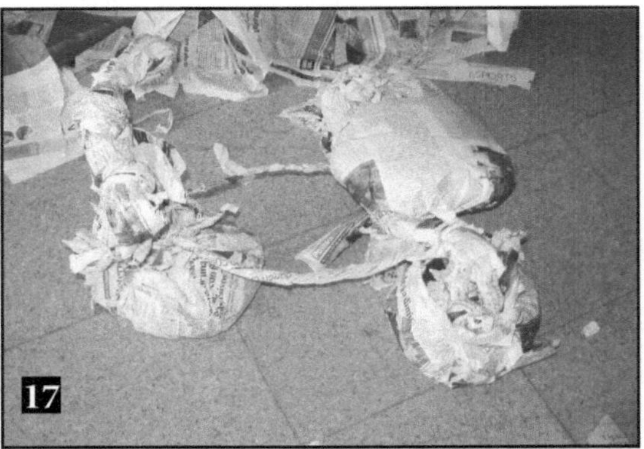

Por último, antes de cerrar este capítulo, queremos especificar que a lo largo de la formación se da una continuidad de los temas propuestos. Los temas se repiten, a veces dentro de la propia sesión, y otras en sesiones sucesivas, tendiendo, primero a la investigación y exploración de las posibilidades de cada uno con su cuerpo, para convertirse, frente a la experiencia de la repetición, en una experiencia de profundización. Esta repetición y el proceso de supervisión de las sesiones ha permitido que ésta no se limite a la puesta en acto del recordar sino que posibilite una elaboración, y en este sentido un cambio, una transformación. Este trabajo permite en muchos casos enlazar a nivel teórico con los tres tiempos freudianos: recordar, repetir, reelaborar. O, si pensamos desde Lacan, con el instante de ver, el de comprender, el de concluir (Tomás, García y Camps, 2006).

5.1. Un ejemplo de representación: modelarse a sí mismo

Tal como hemos visto, en un primer momento del proceso de formación personal pensamos en contenidos formativos que lleven en una primera instancia al trabajo sobre el cuerpo real y sobre el esquema corporal, para poco a poco irnos introduciendo en el trabajo sobre la imagen del cuerpo (Mila, 2002). Nos hemos referido más arriba a la diferenciación entre esquema e imagen corporal. Vamos a definir ahora estos conceptos según García Ferres (2000):

- *Cuerpo real*: es lo visible, materia, con su anatomía, funcionamiento, sensorialidad y motricidad. Cuerpo aquí y ahora.
- *Esquema corporal*: representación psíquica del cuerpo real estructurado a partir de las percepciones y vinculado al espacio. Percepción compleja de la unidad y la ubicación del cuerpo en el espacio, de sus diferentes partes y la relación espacial entre ellos.
- *Imagen corporal*: es la dimensión imaginaria, inconsciente de nuestro cuerpo, estructurada por las relaciones, vínculos y la historia afectiva de cada sujeto.

Al comenzar la formación corporal específica del psicomotricista se debe instrumentar un abordaje con diferentes niveles de profundización. Es preciso estar atento a no favorecer en ningún momento la regresión ni despertar fantasías difíciles de controlar. Se requiere comenzar la formación por una instancia de reflexión y profundización consciente sobre nuestro cuerpo a nivel del cuerpo real y el esquema corporal (Mila, 2002).

En efecto, la totalidad corporal, con sus aspectos de EC e IC forman parte del trabajo de formación personal de los psicomotricistas. Ésta pretende que el alumno empiece a concienciarse de sus posibilidades y límites para integrar la propia totalidad corporal con la finalidad de utilizarla para contener y reconocer la totalidad que el niño va construyendo. Veamos como ejemplo la descripción de una alumna sobre el cambio en su imagen corporal a lo largo de un proceso de formación.

La consigna era modelar su cuerpo con plastilina (en la primera sesión de formación personal):

"Mi objetivo ha sido hacer mi cuerpo, pero deseaba terminarlo pronto. He experimentado la sensación de que no me salía bien, que no me gustaba, así que he decidido acabarlo rápido para evitar la angustia. Quizás esta reacción la tengo porque la plástica no es mi fuerte, o probablemente tardé mucho tiempo en descubrir que no era culpa del cuerpo el hecho de no gustar, pero inconscientemente esto está ya en mi historia personal".

El último día de formación personal se volvieron a sacar las figuras que habían modelado el primer día y cada alumno podía modificarla o no. Esta misma alumna dice:

"Sacamos la figura que modelamos el primer día de formación personal. Decido reconstruirla. El primer día que hicimos esta práctica recuerdo que me costó mucho hacerme a mí misma. Incluso cuando la acabé no sentía que fuese yo, no me identificaba. La denominé «ninot» (muñeco) como si sólo fuese un trozo de plastilina y no la representación de mi cuerpo. La figura parecía simbolizar un bebé, no le puse ni ojos ni boca ni nariz y estaba en horizontal. Hoy he decidido hacerla de nuevo para sentirme más identificada. Encuentro que me representa bastante bien, está en vertical e intenta tener las expresiones de mi cara. Ahora, me siento más a gusto con mi figura y siento que realmente es mi imagen".

La misma alumna dice como una de sus conclusiones en relación con la formación personal:

"El trabajo de formación personal me ha permitido una evolución y un enriquecimiento en la manera de relacionarme con los otros. He aprendido a escuchar y aceptar mi cuerpo, el movimiento, la postura, mis emociones y esto me ha permitido escuchar a mis compañeros".

Veamos ahora este otro ejemplo de vinculación entre el esquema corporal y la imagen corporal a través de la actividad del modelaje en plastilina de sí mismos:

"¡Esa era yo! Y aunque físicamente era muy pequeña (como dijo alguna compañera), yo me sentía fuerte, grande e inclusive, interesante. Me dio mucha alegría, porque después de las dificultades que había tenido durante todo el día con ella, al final resultaba que Mi Figura me devolvía toda la alegría que yo había proyectado sobre ella desde el primer momento de la mañana, y me ayudaba a reconocerme y aceptarme".

Otro ejemplo de los cambios personales reflejados en la figura de plastilina es el que ilustra otra alumna, quien en el primer día de formación personal dice:

"Esa muñeca pasaría muchos meses guardada, igual, sin transformarse, pero mi cuerpo y mi espíritu irían moldeándose, se irían trasformando, vivirían una metamorfosis gracias a la psicomotricidad, su profundo conocimiento y práctica. Eso no lo sabía yo en ese entonces, esto lo descubriría después de un proceso, poco a poco".

En tanto que el último día de formación escribe:

"Observé detenidamente a mi muñequita. Lo primero que hice fue sacar el brazo de la cintura, no sé por qué se me salieron las lágrimas. Puse el brazo en posición de saludo/despedida, porque significaba las dos cosas a la vez, era una "despedida" a todo lo que fui antes, a todo lo vivido durante la práctica, y un "saludo" a una nueva perspectiva de la vida, a una nueva observación, de apreciar a los niños (y a todas las personas), a los objetos, al espacio, al tiempo y a mí misma para percibir mejor la vida.

También le di movimiento al cabello, al vestido, a la cara, brazos, manos, al cuerpo, piernas, pies dentro de los zapatos, la retoqué toda, ya no estaban rígidos, expresaban movimiento y sentí placer por expresar ese movimiento. Había hecho una reestructuración en la muñeca, igual que había pasado conmigo.

Modifiqué también las orejas de la muñeca, las hice más grandes, pero no porque las tuviese grandes, sino porque para mí simbolizaban toda la actitud de escucha que existe ahora en mí, para estar más alerta con todos mis sentidos, para poder escuchar más al otro, comprenderlo, acompañarlo y ayudarlo a que se desarrolle".

Otra alumna, después de explicar los cambios que ha hecho en su figura, dice en su memoria:

"Estos cambios reflejan la transformación que a lo largo del curso se ha producido entre nosotras. Así, algunas compañeras hablan de cambios internos que han querido expresar en su figura de plastilina: quitarle la ropa como símbolo de quitarse una coraza, poner zapatos como símbolo de una mayor seguridad... Se trata de una transformación surgida del encuentro con los demás, por eso la muñeca de M. levanta la mano diciendo hola y adiós. Este recorrido está impregnado de una emoción que sale a relucir entre palabras".

Unas palabras de otra alumna dicen:

"A veces piensas que no es posible que la imagen real no se ajuste a la imagen mental que tienes de ti mismo, y hoy, después de tantos años sin verlo he podido darme cuenta, tengo ojos pero no podía mirar porque no entraba dentro de mis objetivos... Precisamente esto lo he visto reflejado en mi figura de plastilina. Lo primero que he pensado es que no parecía una persona. ... He creado una nueva figura y me he sentido satisfecha del resultado. La primera figura que había hecho me ha parecido muy comprimida, incluso no le hice cuello, parecía un bloque rígido, ahora me doy cuenta que no se trataba sólo de una compresión física sino también emocional. La sensación de la nueva figura me ha tranquilizado mucho, por eso he plasmado en mi memoria una fotografía de las dos figuras, que creo que representa un antes y un después de la formación personal y de la modificación de mi propia imagen durante este trabajo".

Otra alumna describe así la figura que hizo el primer día de formación:

"Siento que mi figura es muy fea, mal hecha o hecha por trozos, no tiene unidad, eso me molesta; quise representar algo, pero se me olvidó la unidad, era un árbol con brazos pero sin raíces, pero lo que más me disgusta es estar separada, por partes. Ahora pienso que tal vez en ese momento me sentía así, me gustaría volver a hacerla y que sea una sola cosa, como yo, que soy una con muchos proyectos, sueños, recuerdos, ideas, miedos, dolores, pero YO".

El último día de formación rehace su figura y dice:

"Me sigo sintiendo como un árbol, pero ahora sí tengo raíces,... Tuve que iniciar un viaje hacia mí, hacia mi yo íntimo, había vivido evitando hacer ese viaje, llenándome de cosas, por eso sentía que no tenía raíces y que ahora era el momento de echarlas, pero desde mí, con el cariño y apoyo de los que me rodean".

Y añade:

"Veo el recorrido que he hecho durante este proceso de formación, y cómo me ha servido para mi vida personal, he aprendido a mirarme y reconocerme, y esto es algo que me servirá tanto para mi vida profesional como personal".

Terminamos el capítulo con las palabras y las figuras de plastilina de otra estudiante, y un ejemplo de las distintas figuras modeladas por los alumnos (foto 18):

"Recuerdo cuando hice mi primera figura el primer día de formación, estaba centrada en seguir al pie de la letra la consigna. Empecé por los pies, ya que quería repartir el peso de la figura, quería que estuviese en vertical, y fui formándola.

Pero a medida que la iba haciendo me iba desvinculando de la imagen que veía. Hacía una persona cualquiera y no a mí misma. Quería que estuviese todo exacto, que hubiese las proporciones correctas entre los brazos, los pies, etc. Cuando la dejé en la caja, sentía que era una buena figura y estaba contenta de ella.

Ahora la vuelvo a mirar y no me reconozco en ella. Me parece que no seguí la consigna en absoluto, hice una persona anónima, sin expresiones en la cara, ausente, sin ningún rasgo que me identificase, sin ninguna forma de actitud corporal.

Me ha parecido un trabajo hecho de forma obsesiva, creo que estaba centrada en hacer la figura, fuese cual fuese el resultado. Me decepcioné mucho al verla.

Decidí cambiarla. Lo que más me molestaba de la figura es que no tuviese ninguna actitud y fuese inexpresiva. Así que me puse a trabajar.

Le puse los brazos en la cintura, y le volví a hacer la cara y el pelo. Busqué una expresión de optimismo y felicidad. Creo que la supe encontrar, al menos me sentí a gusto con el resultado final de la figura.

He aquí mis figuras, la del primer día de formación, a la izquierda, y la del último día, a la derecha:

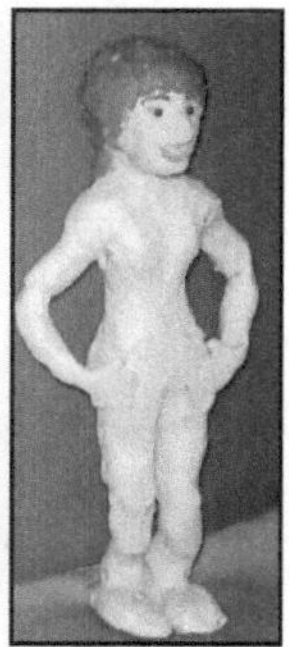

Realizando esta actividad me he dado cuenta de todo lo que he cambiado en estos meses. El primer día de formación estaba cerrada en mi mundo, distante. Me disgusta haber estado distante los primeros días, y haberme perdido muchas vivencias. Pero estoy contenta de todo lo que he hecho, hasta dónde he llegado. Y sobre todo estoy orgullosa de mí misma por haber progresado como persona, por haberme planteado aspectos de mi personalidad y de mi forma de vivir y haber sido autocrítica".

CAPÍTULO 7

Evaluación de las competencias en la formación corporal del psicomotricista

Lola García, Cori Camps, Juan Mila y Mariela Peceli

En este capítulo trataremos la dimensión ética, el sentido y los requisitos de la evaluación en la formación corporal del psicomotricista; cómo evaluar las competencias descritas en el capítulo 3; qué indicadores informarán sobre estas competencias y qué instrumentos han resultado especialmente útiles en nuestra experiencia como formadores. Por último daremos cuenta de la percepción que tienen los alumnos sobre los efectos de la formación personal en relación a las siete competencias planteadas.

1. Sentido y requisitos de la evaluación

A modo de introducción proponemos una serie de reflexiones tomadas de M. Beauvais (2011) que conciernen a la dimensión ética de la evaluación, a partir de dos conceptos interrelacionados: valor y responsabilidad. Por un lado la evaluación siempre implica la afirmación de unos valores, la formulación de un juicio con respecto a unos valores o ideales tomados como referentes. Por otro lado, la responsabilidad como atributo fundamental de quien evalúa, responsabilidad entendida en un sentido amplio: como capacidad para dar sentido al por qué y para qué se evalúa, como honestidad y capacidad crítica para cuestionar los valores referentes de la evaluación, como competencia para diseñar los procesos y técnicas que favorecen la identificación de lo valioso, y como dedicación para analizar y reflexionar antes de emitir un juicio cuyas consecuencias pueden ir mas allá del proceso educativo.

"Evaluar consiste en valorar, apreciar o juzgar el valor de alguna cosa o de alguna persona, en función de unas expectativas, un ideal o un referente, de valores personales y/o compartidos".

En este sentido la evaluación precisa por tanto la toma de conciencia de los valores propios a partir de los cuales percibimos la realidad, la significamos e interpretamos. Pronunciarse sobre el valor de algo queda así alejado de la neutralidad. El evaluador, como sujeto, introduce a la evaluación su subjetividad. Además de no ser neutra, por el hecho de relacionarse con aspectos humanos, la evaluación contribuye a legitimar los valores e incluso la producción de nuevos valores.

Evaluar es también un ejercicio de responsabilidad, de juzgar el valor de los conocimientos generados. La responsabilidad del formador-evaluador está en juego por partida doble: porque promete a la persona formada que tiene las condiciones necesarias para llevar a cabo la formación, y porque promete pronunciarse sobre la validez de los conocimientos que habrá adquirido, construido o inventado. Implica también asumir el conjunto de consecuencias de la evaluación, tanto si se trata de efectos previstos como no previstos, deseables o no deseables, producidos por la evaluación en tanto que proceso y también en tanto que producto creador y destructor de valor.

La formación y la evaluación obligan a tener en cuenta y considerar la relación intersubjetiva. El evaluador procurará escoger la postura correcta, la postura que permite al Otro, al evaluado, escoger y pronunciarse. La relación entre formador y formado es una relación que no permite que los papeles de cada uno se confundan ni intercambien, tal y como señala Beauvais:

> "No pensar en la propia postura implica el riesgo de patinar por la pendiente de la impostura, de engañar al otro sobre la situación, sobre los papeles, las posiciones y las responsabilidades de los grandes protagonistas de la evaluación, que son el evaluador y el evaluado. Pensar la responsabilidad de cada uno equivale a pensar la relación con uno mismo, con el Otro y con el mundo".

Por otro lado, evaluar implica poder responder sobre el sentido de la evaluación: ¿Con qué fin evaluamos? Es una pregunta que nos invita a cuestionarnos sobre el futuro, sobre qué genera la evaluación. ¿Qué generará mañana cuando ya no estemos presentes para evaluar, formar y acompañar?, y esto nos devuelve al proyecto de formación: ¿Qué profesional queremos formar para mañana? Evaluar es una responsabilidad que ejercemos desde un prisma ético y político, en el sentido expresado por H. Arendt (2005).

Evaluar implica una cuestión ética, pero también técnica: encontrar las modalidades técnicas más adecuadas, es decir, las que permiten dar respuesta a las preguntas y favorecen la valorización de lo que queremos evaluar. Las preguntas de tipo técnico, las asociadas al Cómo, que tienen que ver con los procedimientos, los métodos y los medios, deben vincularse siempre al sentido.

Siguiendo a Beauvais (2011), consideramos que evaluar es una cuestión de ética y de responsabilidad, pero también de coraje:

"Coraje para juzgar, coraje para participar en la producción y la renovación de los valores a partir de los cuales concebimos nuestra relación con el mundo, con nosotros mismos y con el Otro. Coraje para actuar en la incertidumbre, y para asumir plenamente la responsabilidad. Coraje para mezclarnos también con aquello que a priori no nos afecta, coraje para cuestionar el valor de la evaluación y para abstenerse de participar en ella cuando no tiene en cuenta la singularidad de los sujetos, las temporalidades y los contextos, cuando ya no es valorización de los conocimientos y de las personas, sino desvalorización e impostura".

Nuestra experiencia como docentes universitarios nos muestra que la evaluación se presenta como una de las tareas más complejas y costosas. Tiende a percibirse, tanto por docentes como por alumnos, como el componente más incómodo de la planificación educativa. Supone además uno de los aspectos más difíciles de modificar en las prácticas docentes universitarias. Pero no podemos olvidar, tal y como señala Biggs (2006), que el qué y el cómo aprendan los estudiantes depende en gran medida de cómo crean que se les evaluará. En este sentido apunta también Monereo (2009) al señalar *"di cómo evalúas y te diré cómo aprenden tus alumnos"*. La evaluación tiene un papel retroactivo sobre el aprendizaje y sobre la enseñanza porque modifica la forma de aprender y de enseñar.

En un reciente trabajo de revisión realizado por Álvarez (2008) sobre la evaluación del aprendizaje en la universidad, la autora concluye que las investigaciones refuerzan la necesidad de instrumentar la evaluación de modo que facilite la mejora del aprendizaje. A raíz de este énfasis, en los últimos años se ha elaborado el término "evaluación orientada al aprendizaje" (*learning-oriented assessment*), definido alrededor de tres cuestiones esenciales:

- Plantear las tareas de evaluación como tareas de aprendizaje.
- Involucrar a los estudiantes en la evaluación.
- Ofrecer los resultados o retorno de la evaluación.

En el marco de esta evaluación orientada al aprendizaje, los procedimientos que se consideran como "métodos alternativos" a la evaluación tradicional contienen tareas reales o auténticas que conllevan soluciones reflexivas, en las que los estudiantes deben interpretar, analizar, evaluar problemas y explicar argumentos. La evaluación se concibe como parte del proceso de aprendizaje, un proceso compartido y negociado por los diferentes agentes implicados en el mismo. La evaluación favorece así el carácter reflexivo y autorregulado desde el principio hasta el final del proceso educativo.

La evaluación ha de ser coherente con las competencias diseñadas y las metodologías empleadas; debe ser conocida previamente y vinculada a un proceso de reflexión y autorregulación por parte del profesor y los alumnos, de manera que permita los necesarios ajustes para optimizar el proceso de aprendizaje. Entendemos la autorregulación como el conjunto de estrategias que facultan al alumno para gestionar su propio proceso de aprendizaje siendo consciente de sus estancamientos, avances y dificultades, que le permiten asegurar la calidad del mismo, mejorando sus recursos personales como aprendiz. Siguiendo a Villa y Poblete (2007: 36),

> "Adquirir y evaluar competencias supone la implicación personal de cada estudiante, que se involucre en cada actividad propuesta, que haga reflexión intelectual en cada tarea y realice su propia valoración del aprendizaje que va realizando".

La evaluación del aprendizaje universitario se configura como un proceso sistemático (compartido) de indagación y comprensión del proceso de enseñanza-aprendizaje, que pretende la emisión de un juicio de valor sobre el logro competencial del alumno, orientando la toma de decisiones y la mejora sobre el desarrollo de competencias y la planificación curricular del perfil formativo de grado, master o doctorado (Sánchez, 2011). Según la descripción del enfoque de evaluación profunda o evaluación para el aprendizaje realizada por este autor, el objetivo de la evaluación se centra en valorar lo que el alumno muestra y/o hace en una situación auténtica. La evaluación tiene carácter formativo, esto es, se configura como una actividad de aprendizaje sobre el propio aprendizaje. En este proceso el profesor arbitra un proceso de seguimiento de los avances, dificultades y obstáculos a los que se enfrenta el estudiante, donde lo importante no son las respuestas, sino las preguntas que van surgiendo. Crea las condiciones que permiten la participación del alumno en la evaluación del aprendizaje, considerando así la evaluación como un proceso de construcción dialógica que orienta la toma de decisiones.

Evaluar implica también competencia para diseñar los procesos y técnicas que favorecen la valorización, la identificación de lo valioso. En el caso de la formación corporal, la naturaleza de las competencias que abordamos, vinculadas esencialmente a contenidos de carácter actitudinal, requiere un sistema de evaluación variado, acorde con los componentes que muestran y describen la complejidad de cada competencia. Implica tomar decisiones sobre:

- Los indicadores para la evaluación de cada competencia, que deberán aportar evidencias de conductas relevantes y significativas del grado de adquisición o desarrollo de esta competencia.
- Qué técnicas e instrumentos utilizaremos para recoger esta información relevante que nos permite informar de los indicadores.
- Qué procedimientos utilizaremos para informar a los estudiantes sobre esta evaluación: cuándo, con qué función, en relación a qué contenidos.

El objetivo esencial de la evaluación ha de ser formativo y autorregulador del proceso de aprendizaje, en el sentido antes indicado, pero además, en nuestro contexto académico ha de ser acreditativo. Cuando el aprendizaje avala la obtención de un título, precisa una calificación, que puede ser expresada en términos cualitativos y descriptivos (en referencia a los indicadores de evaluación y su consecución por el estudiante) o cuantitativos (traduciendo a un número o categoría el nivel de logro).

En el dispositivo de la formación corporal contamos con la figura de un tercero –observador/supervisor– que actúa como elemento para triangular el proceso de formación. La evaluación contará así con tres agentes: profesor, alumno y supervisor.

En el primer año de formación nos interesa evaluar el proceso integral de la formación, y en este sentido la evaluación deberá dar cuenta de:

- Qué competencias y en qué grado las adquiere realmente el estudiante a lo largo de la formación.
- Qué propuestas, dispositivo y tipo de mediación facilitan la consecución de dichas competencias por parte del alumno.
- Qué proceso y secuencia de formación aparecen como más idóneos para que el alumno alcance las competencias requeridas en la formación.
- En qué medida estas competencias trabajadas en el plano de la formación corporal contribuyen a habilitarle en su formación como psicomotricista.

2. Indicadores de evaluación para cada competencia

Pasamos a exponer los indicadores de evaluación para cada una de las competencias descritas en el capítulo tercero y los instrumentos utilizados.

COMPETENCIA 1. Respeto del encuadre de trabajo.

COMPE-TENCIA	DESCRIP-CIÓN	COMPONEN-TES	INDICADORES	INSTRUMENTOS
1. Respeto del encuadre de trabajo	Cumplimiento de los requisitos de la formación a nivel personal y en relación al funcionamiento del grupo.	1. Puntualidad.	1. Asiste puntualmente a las sesiones de formación corporal.	• Registro de asistencia. • Diario/registro/memoria de los Formadores. • Diario/memoria del estudiante. • Autoinforme final del estudiante.
		2. Asistencia.	2. Asistencia mínima del 80%.	
		3. Compromiso con el grupo.	3a. Asistencia y permanencia. 3b. Aportaciones a las discusiones grupales.	
		4. Respeto por los compañeros.	4. Respeta el turno de palabras, las opiniones, las dificultades de sus compañeros.	
		5. Ajuste en la relación con el formador.	5. Respeta el lugar del formador como responsable de los límites y propuestas de la formación.	
		6. Cumplimiento con los trabajos.	6. Entrega los trabajos de manera puntual y ateniéndose a los requisitos establecidos.	
		7. Compromiso ético.	7a. Respeta la necesaria confidencialidad del marco de trabajo y lo que acontece. 7b. Respeta la singularidad de cada persona.	

COMPETENCIA 2. Expresividad psicomotriz.

COMPE-TENCIA	DESCRIPCIÓN	COMPONEN-TES	INDICADORES	INSTRUMENTOS
2. Expresividad psicomotriz	Disponibilidad a nivel corporal que se manifiesta a través del tono, la actitud corporal y los mediadores de la comunicación.	1. Tono y actitud corporal.	1. El tono y la actitud corporal son ajustados a las propuestas de trabajo.	• Diario/registro/ memoria de los Formadores. • Diario/memoria del estudiante. • Autoinforme final del estudiante.
		2. Gestualidad.	2a. Muestra capacidad de comunicación a través del cuerpo y la gestualidad facial. 2b. Uso de gestos faciales y corporales de forma ajustada a las propuestas y a las situaciones grupales.	
		3. Contacto corporal.	3. Interactúa con los compañeros utilizando el contacto corporal de forma ajustada en relación al otro y a sí mismo.	
		4. Uso de la mirada.	4. Utiliza la mirada como instrumento de comunicación.	
		5. Uso del sonido y la voz.	5. Utiliza el sonido y la voz como instrumento de comunicación.	
		6. Uso del lenguaje verbal.	6. Usa el lenguaje verbal para simbolizar y representar las situaciones del trabajo corporal.	

COMPETENCIA 3. Cuerpo en relación.

COM-PETEN-CIA	DESCRIP-CIÓN	COMPO-NENTES	INDICADORES	INSTRUMENTOS
3. Cuerpo en relación	Actitud para decodificar el cuerpo del otro y realizar una intervención ajustada.	1. Escucha y empatía.	1a. Se descentra hacia los otros y se pone en su lugar a través de la lectura tónica de su cuerpo. 1b. Aceptación del otro y de sus producciones.	Diario/registro/memoria de los Formadores. Diario/memoria del estudiante. Autoinforme final del estudiante.
		2. Ajuste tónico al otro.	2. Adecua su tono corporal a la cualidad tónica del compañero, según lo requiera la propuesta de trabajo.	
		3. Contención y seguridad.	3a. Muestra capacidad de contención en propuestas que así lo requieren. 3b. Puede ofrecer seguridad física y afectiva.	
		4. Establecimiento de límites.	4. Puede establecer límites claros a los compañeros.	
		5. Acompañamiento.	5. Permite que el otro actúe, le aporta referencias de seguridad, espera sin invadirle, ajustándose a lo que el otro necesita.	

COMPETENCIA 4. Disponibilidad para el trabajo en grupo.

COMPETENCIA	DESCRIPCIÓN	COMPONENTES	INDICADORES	INSTRUMENTOS
4. Disponibilidad para el trabajo en grupo	Disposición para trabajar por mediación corporal a nivel grupal.	1. Disponibilidad corporal. 2. Saber individual. 3. Saber grupal.	1. Muestra disposición para el trabajo corporal con los otros. 2. Utiliza las aportaciones del grupo para progresar en la comprensión de sí mismo. 3a. Ayuda a la construcción del saber compartido: escucha a los otros, hace espejos al otro, pregunta para comprender. 3b. Analiza las producciones grupales y de sus pares.	Diario/registro/memoria de los Formadores. Diario/memoria del estudiante Autoinforme final del estudiante.

COMPETENCIA 5. Gestión emocional.

COMPETENCIA	DESCRIPCIÓN	COMPONENTES	INDICADORES	INSTRUMENTOS
5. Gestión emocional	Toma de conciencia y manejo de las propias emociones y de los conflictos interpersonales que emergen en la relación con los otros.	1. Autopercepción. 2. Estrategias de afrontamiento.	1a. Escucha las propias dificultades y es capaz de verbalizarlas. 1b. Dota de sentido y significado subjetivo a lo vivido. 1c. Conoce sus propias fortalezas y limitaciones. 1d. Es consciente de los mecanismos psíquicos que se movilizan en el trabajo corporal. 2. Accede a los recursos más adecuados para tramitar en forma ajustada todos los componentes ya descritos de la autopercepción.	Diario/registro/memoria de los Formadores. Diario/memoria del estudiante Autoinforme final del estudiante.

COMPETENCIA 6. Articulación teórica.

COMPE-TENCIA	DESCRIPCIÓN	COMPO-NENTES	INDICADORES	INSTRUMENTOS
6. Articulación teórica	Establecimiento de asociaciones y vínculos de lo vivido con la teoría psicomotriz.	1. Interiorizar la dialéctica cuerpo-psique.	1. Establece conexiones entre lo vivido y los contenidos teóricos de su formación como psicomotricista.	Observación del profesor (Diario/registro/memoria). Diario/memoria del alumno/estudiante Autoinforme final del alumno/estudiante.

COMPETENCIA 7. Articulación práctica.

COMPE-TENCIA	DESCRIPCIÓN	COMPONEN-TES	INDICADORES	INSTRUMEN-TOS
7. Articulación práctica	Transfiere y asocia su proceso de transformación personal a la práctica profesional.	Establecimiento de asociaciones entre lo vivido y la formación práctica.	1. En situaciones de formación personal descubre nuevas miradas o perspectivas de su práctica con los niños. 2. Verbaliza actitudes de cambio en la práctica psicomotriz a partir del proceso de formación personal. 3. Progresa en las actitudes corporales de ajuste e intervención con los niños.	Memoria del alumno/estudiante. Autoinforme final del alumno/estudiante. Tutorías. Observación del tutor de prácticas.

3. Descripción de los instrumento de evaluación

En este apartado se comentan los instrumentos de evaluación que consideramos especialmente pertinentes y útiles para observar y valorar los indicadores vinculados a cada competencia:

AGENTE	INSTRUMENTO			
Alumno	Diario/Memoria del estudiante (Autorregistro)	Memoria final	Autoinforme final (percepción del cambio)	
Profesor	Diario/Memoria del formador (Autorregistro)	Análisis de las producciones del alumno	Ficha de tutoría	Control de asistencia
Observador/Supervisor	Diario/Memoria del observador/supervisor (Autorregistro)	Análisis de las producciones del alumno		

- El *registro/control de asistencia*. En el master de la URV la acreditación requiere una asistencia igual o superior al 80%, y por ello en cada sesión se realiza un registro de firmas, que son computadas al final del curso académico. La asistencia es requisito indispensable para la acreditación, ya que garantiza la continuidad del proceso de formación, es condición para la participación y la implicación personal, así como garantía del funcionamiento grupal.

- *Diario/registro/memoria de los formadores*. En el curso de las sesiones y al final de las mismas los formadores toman nota de la respuesta de los estudiantes ante las propuestas de trabajo, sobre el grado de implicación y la cualidad o modalidad de su respuesta. Nos interesan especialmente las observaciones cualitativas que nos informan sobre las competencias y dificultades del estudiante en el trabajo personal y grupal. A su vez estas anotaciones servirán para el posterior análisis de la sesión y, en su caso, para la supervisión de los propios formadores. Este trabajo de análisis y reflexión supone un punto de partida para la preparación de la siguiente sesión. El formato de diario es una excelente muestra de instrumento al servicio de la evaluación continua, cualitativa y reflexiva, de la evaluación como proceso de autorregulación, como elemento indispensable para continuar de una manera más ajustada el proceso de formación.

- *Diario, registro o memoria del observador-supervisor*. Durante las sesiones, después de ellas o en ambos momentos, el supervisor toma nota de la dinámica de la sesión: propuestas del formador, respuestas de los estudiantes; dificultades ante la propuesta de trabajo; mediación del formador para ayudar en la evolución de la propuesta y las dificultades personales que puedan aparecer; estrategias y recursos para la contención del grupo. Este diario es el punto de partida para un posterior análisis de la sesión con los formadores.

- *Diario/memoria del estudiante*. Los estudiantes también elaboran un diario de sesiones en el que anotan las experiencias y reflexiones sobre el curso de la sesión. Es un diario reflexivo, tal como señala Biggs (2006), donde el estudiante muestra la capacidad de reflexionar sobre la experiencia. A partir de este diario construirán su memoria en el primer año de formación. Sobre esta memoria recibirán una valoración cualitativa, un *feedback* personalizado por parte del profesor y una cualificación final para su acreditación.

- *Análisis de las producciones*. En el curso de las sesiones de formación, los alumnos realizan diversas producciones personales o en grupo: escritos, dibujos, modelados, etc. Estas creaciones son elaboraciones simbólicas que representan vivencias, emociones, situaciones en que el alumno se proyecta. El análisis de estas proyecciones constituye también una muestra de su recorrido y proceso de transformación personal.

- *Fichas de tutoría.* Las fichas de tutoría recaban información sobre los encuentros personales estudiante-tutor que tienen lugar en diversos momentos de la formación. Se pide al estudiante una reflexión sobre su proceso de cambio en el curso de la formación. Previo a la tutoría, se le puede solicitar un escrito que el profesor habrá leído antes del encuentro. Además, es un momento para valorar aspectos que él considera oportunos: comentar dificultades personales o de inserción en el grupo. Es también una ocasión para que el profesor le señale aspectos sobre su participación en el grupo y que pueden ser mejor acogidos en un ambiente confidencial.

- *La memoria final.* Corresponde al trabajo que los alumnos entregan al final del curso. A partir de su diario de sesiones, los encuentros y espejos de los compañeros, las tutorías y el largo proceso de escucha, vivencia y reflexión personal, realizan un trabajo sobre su proceso de evolución y transformación procurando un vínculo con la reflexión teórica y la práctica con los niños. Esta memoria es defendida al final del curso y los alumnos reciben una cuidada devolución por parte de los formadores, que procuran realizar un espejo de su trabajo, señalando sus fortalezas y matizando los aspectos que precisan seguir trabajando en su rol como psicomotricistas. Siempre resulta un acto emotivo y formativo para cada alumno y para el conjunto del grupo.

- *Autoinforme final del estudiante.* Al final del primer año el estudiante valorará la percepción que tiene de su cambio desde el inicio de la formación, y en referencia a las competencias diseñadas. Para ello, nuestro grupo de trabajo ha elaborado un *Cuestionario sobre la percepción del cambio,* que consta de 21 ítems que pretenden recoger la autoevaluación del alumno sobre los indicadores que informan de cada competencia. Para cada indicador se ha elaborado al menos un ítem que nos aporte información. Para cada ítem se ofrecen cinco opciones de respuesta que se gradúan del completo acuerdo al completo desacuerdo. Al final del cuestionario, se pide, además, una reflexión personal sobre aquellos aspectos que el alumno considera que se han transformado a partir de la formación y no quedan recogidos en los ítems del cuestionario. Pasamos a mostrar los ítems elaborados para la autoevaluación de cada competencia por el alumno. En el Anexo 1, se presenta el cuestionario en su versión definitiva.

Competencia 1: Respetar el encuadre de trabajo.

1. He respetado las condiciones establecidas por el marco de la formación personal en cuanto a asistencia y puntualidad.
2. He realizado aportaciones en los momentos de verbalización y he escuchado de manera respetuosa las opiniones de mis compañeros.
3. He seguido las propuestas de la formación intentando ajustarme y respetar las consignas y condiciones de las mismas.
4. He respetado la confidencialidad de lo que ha surgido en el grupo.

Competencia 2: Expresividad psicomotriz.

1. Me encuentro más capaz de comunicarme con los otros a través del cuerpo y de la gestualidad.
2. Me siento más capaz de utilizar el sonido y la palabra como instrumento de comunicación con mis compañeros.
3. He progresado en la utilización de la mirada para comunicarme con mis compañeros.

Competencia 3: Cuerpo en relación.

1. He progresado en mi capacidad de ajustarme a nivel tónico cuando estoy en la relación con los otros.
2. Soy más capaz de aceptar al otro y establecer con él una relación empática.
3. He progresado en mi capacidad de acompañar y contener al otro, estableciendo límites más claros en la relación.
4. He crecido en la capacidad para asegurar física y afectivamente al otro.

Competencia 4: Disponibilidad para el trabajo en grupo.

1. Me siento más disponible a nivel corporal para el trabajo con los otros.
2. Ahora me siento más capaz de dar sentido y encontrar significados a las vivencias de la formación personal.
3. Las observaciones y comentarios de los compañeros me han servido para ir encontrando sentido y significado a las vivencias ocurridas en la formación personal y su vínculo con los mecanismos psíquicos que utilizo.
4. Las observaciones y comentarios de las formadoras o formadores me han servido para ir encontrando sentido y significado a las vivencias

ocurridas en la formación personal y su vínculo con los mecanismos psíquicos que utilizo.

5. En los momentos de encuentro con los otros, me siento más capaz para tener una escucha activa y realizar aportaciones al grupo.

Competencia 5: Gestión emocional.

1. He accedido a aspectos positivos y negativos de mi persona que desconocía hasta ese momento.
2. He podido comprender el sentido y significado individual que han tenido mis vivencias en la formación personal.
3. Soy más consciente de los mecanismos psíquicos que han surgido en el trabajo corporal y de los recursos que debo utilizar para afrontar mis dificultades.

Competencia 6: Articulación teórica.

1. Las vivencias de la formación personal me han facilitado comprender algunos conceptos y contenidos de la formación teórica.

Competencia 7: Articulación práctica.

1. El trabajo de formación personal me ha resultado útil para transformar y mejorar mi práctica en la sala con los niños.

Para cada ítem el alumno tiene cinco opciones de respuesta:

1. Completamente en desacuerdo
2. Bastante en desacuerdo
3. Ni de acuerdo ni en desacuerdo
4. Bastante de acuerdo
5. Completamente de acuerdo

Finalmente, analizaremos los resultados de la autoevaluación de un grupo de quince alumnos del Postgrado en Intervención Psicomotriz correspondiente al curso 2008-09 de la URV a través de este cuestionario. La siguiente tabla muestra las respuestas de los estudiantes al cuestionario.

Sujeto	Respuestas al ítem																				
	1	2	3	4	5	6	7	8	9	10	11	12	13	14	15	16	17	18	19	20	21
1	4	5	4	4	2	4	3	4	4	4	4	4	4	4	4	4	3	3	3	4	4
2	5	4	5	5	4	4	4	5	5	5	5	5	5	5	5	4	5	4	4	5	5
3	5	5	5	5	4	4	4	5	5	4	5	4	4	5	5	4	4	4	4	5	5
4	4	5	5	4	4	3	3	4	3	3	3	4	4	5	5	4	4	4	4	4	5
5	5	4	4	4	4	4	4	5	5	5	4	4	5	5	5	4	5	4	4	5	5
6	5	5	5	5	4	4	3	4	5	3	5	5	4	4	4	5	4	4	4	4	5
7	4	4	4	4	4	4	4	4	4	3	4	3	4	4	4	4	4	4	4	4	5
8	5	5	5	4	5	5	5	5	5	5	5	5	5	5	5	5	5	5	4	5	5
9	5	5	4	5	5	5	5	5	5	4	4	5	5	3	5	5	5	5	5	4	5
10	5	4	5	5	4	3	4	5	4	4	4	5	4	5	5	4	4	5	4	5	5
11	4	5	5	5	5	5	5	4	4	4	5	4	5	5	5	5	4	4	4	5	5
12	5	5	5	5	5	4	5	4	4	4	4	5	5	5	5	5	4	4	5	5	5
13	5	4	3	5	4	2	3	4	4	4	4	4	4	4	5	4	4	4	4	5	5
14	5	5	5	5	5	5	5	5	5	5	5	5	5	5	5	5	5	5	5	5	5
15	5	5	5	5	5	4	4	4	4	4	4	4	4	4	5	4	4	4	4	4	4
x	4.7	4.7	4.6	4.6	4.3	4	4.6	4.5	4.4	4.1	4.3	4.4	4.5	4.3	4.8	4.4	4.3	4.2	4.2	4.6	4.9

A partir de estos resultados podemos extraer las siguientes conclusiones:

1. Prácticamente todas las puntuaciones son superiores a 4, lo que representa que la mayoría de los sujetos percibe que se ha producido un cambio en positivo en la dirección deseada por los indicadores y que, por tanto, se sienten más competentes en las actitudes personales que habilitan al psicomotricista para su trabajo con el niño.

2. Nos preguntamos por los indicadores que presentan total unanimidad en su consecución para los estudiantes encuestados, esto es, los ítems que muestran puntuaciones de 4/5 para todos los sujetos y ordenados según la media son:

- Ítem nº 21 (x = 4.9): *El trabajo de formación personal me ha resultado útil para transformar y mejorar mi práctica en la sala con los niños.*

- Ítem nº 15 (x = 4.8): *Las observaciones y comentarios de las formadoras o formadores me han servido para ir encontrando sentido y significado a las vivencias ocurridas en la formación personal y su vínculo con los mecanismos psíquicos que utilizo.*

- Ítem nº 1 (x = 4.7): *He respetado las condiciones establecidas por el marco de la formación personal en cuanto a asistencia y puntualidad.*

- Ítem nº 2 (x = 4.7): *He realizado aportaciones en los momentos de verbalización y he escuchado de manera respetuosa las opciones de mis compañeros.*

- Ítem nº 4 (x = 4.6): *He respetado la confidencialidad de lo que ha surgido en el grupo.*

- Ítem nº 20 (x = 4.6): *Las vivencias de la formación personal me han facilitado comprender algunos conceptos y contenidos de la formación teórica.*

- Ítem nº 8 (x = 4.5): *He progresado en mi capacidad de ajustarme a nivel tónico cuando estoy en la relación con los otros.*

- Ítem nº 13 (x = 4.5): *Ahora me siento más capaz de dar sentido y encontrar significados a las vivencias de la formación personal.*

- Ítem nº 16 (x = 4.4): *En los momentos de encuentro con los otros, me siento más capaz para tener una escucha activa y realizar aportaciones al grupo.*

Nos produce gran satisfacción observar que los alumnos perciben, de forma unánime y por encima de cualquier otra consideración, que este trabajo de formación corporal revierte positivamente en la práctica con los niños. Asimismo, el trabajo de mediación de los formadores es valorado por todos los estudiantes como un recurso útil para encontrar sentido a las vivencias que ocurren en este espacio de trabajo personal. El respeto al encuadre de trabajo, a través de tres de sus indicadores, también se percibe como logrado por los estudiantes. Todos afirman que la formación corporal ha facilitado la comprensión de conceptos y contenidos en la formación teórica. Finalmente los alumnos perciben, por unanimidad, que han progresado en su capacidad de ajuste al otro en un registro tónico, que se sienten más disponibles para una escucha activa y para realizar aportaciones al grupo.

3. Sólo tres ítems han sido puntuados por algunas personas con puntuaciones 2/3:

- Ítem nº 6 (x = 4): *Me siento más capaz de utilizar el sonido y la palabra como instrumento de comunicación con mis compañeros.*

- Ítem nº 7 (x = 4.6): *He progresado en la utilización de la mirada para comunicarme con mis compañeros.*

- Ítem nº 10 (x = 4.1): *He progresado en mi capacidad de acompañar y contener al otro, estableciendo límites más claros en la relación.*

Los dos primeros hacen referencia a la competencia de expresividad psicomotriz y el tercero al cuerpo en relación. Para unas pocas personas sigue ofreciendo cierta dificultad la capacidad de comunicarse con el otro en diversos registros y de contenerle en la asimetría necesaria que precisa la relación de ayuda.

A modo de conclusión cabe decir que los alumnos perciben un progreso significativo en sus competencias corporales y personales para establecer una relación de calidad con el otro, en la capacidad de escucha de sí mismo y del otro necesaria en su perfil profesional, y en una comprensión más profunda sobre lo que supone la relación de ayuda.

CAPÍTULO 8

La formación personal: ¿un instrumento terapéutico?

Inés Tomás

> *"La sala se convierte en ese espacio donde uno mira, se mira y es mirado. Donde uno habla, se habla y es hablado".*
>
> *"A lo largo de estos dos años: Me he mirado en los ojos de los demás, y me he visto frágil, fuerte, capaz y merecedora".*

No es casualidad que haya iniciado mi reflexión en el intento de responder al interrogante formulado como título de este capítulo, con estas palabras escritas por dos alumnas que realizaron con nosotros esta formación. Pienso que es imposible encontrar una respuesta al mismo, si no acudimos al origen de la construcción del sujeto psíquico y las transformaciones que éste puede encontrar a lo largo de su recorrido vivencial.

Citando a Lagache (1958), el niño, antes que por y para él, existe por y para el deseo de la pareja parental. Un deseo con el que no siempre estamos de acuerdo y con el que tendremos que lidiar a lo largo de nuestra vida, para convertirnos en seres autónomos e independientes; dueños, en la medida de lo posible, del camino por el que deseamos transitar y de la puesta en marcha de todos los dispositivos a nuestro alcance para lograrlo.

La presencia del otro, omnipresente diría yo en el dispositivo que utilizamos para la formación personal tal y como ya nos indican las alumnas en las frases iniciales, nos preexiste desde nuestros orígenes y cuando aparecemos en el escenario de la vida, lo primero que recibimos (en el mejor de los casos) es el contacto corporal y la mirada del otro. Una mirada que hacemos nuestra con júbilo, cuando nos reconocemos en el espejo.

Este es un tema que ya aparece en la presentación que hacemos del Master y que es motivo habitual de conversaciones y reflexiones, tanto en la formación personal como en muchos de los seminarios teóricos que hemos compartido. Como anunciamos en el tríptico, uno de los objetivos básicos de esta formación es rendir tributo a la máxima inscrita por Apolo como Dios de la adivinación, en el templo de Delfos: "Conócete a ti mismo". Y… ¿para qué?

Al margen de la riqueza personal que supone realizar un trabajo de introspección, en el caso de los futuros psicomotricistas y terapeutas el "conócete a ti mismo" es indispensable para intentar paliar en la medida de lo posible, las consecuencias que tendría en nuestro trabajo la proyección de nuestros deseos, aspiraciones, frustraciones, mecanismos de defensa… y la interpretación subjetiva de la conducta del paciente en función de estas variables y con todos los riesgos que esto implica. En ese recorrido de formación permanente, vamos atravesando las mismas etapas por las que transcurre el proceso de formación y construcción del sujeto.

Y empezamos… con el espejo. Ese otro que desde el primer encuentro con la madre, nos devuelve nuestra imagen. Imagen que podemos ver, tocar y palpar por vez primera, en un espejo material, aunque lo que nos devuelve sea virtual. Imagen que nos van a continuar devolviendo los demás a medida que avanzamos por el sendero de la vida. Imagen que no siempre se corresponde con la que tenemos inscrita en nuestro psiquismo. Cuántos de nuestros alumnos nos han mostrado su sorpresa, al comprobar en alguna práctica de observación o en trabajo por parejas, cómo le ha visto el otro. Imagen virtual, sí, pero que nos representa simbólicamente. Y de la que no podemos prescindir porque no hay otra manera posible de verse.

Hace ya algunos años, cuando mi hijo pequeño contaba con unos ocho aproximadamente, hacíamos tres veces por semana el mismo recorrido en autobús para acudir a una de sus actividades preferidas después del colegio. Como ya eran horas tardías y con el cansancio de la jornada, el trayecto de vuelta a casa se le hacía pesado y jugábamos al veo-veo con "cosas" que hubieran en el autobús. Como lo repetíamos tan a menudo, pronto se me acabaron las propuestas, y un día le dije: "*veo algo que empieza por A y acaba por O*" (su nombre es Álvaro). Se rindió y yo le dije: "*¡Álvaro!*" Y me contesta textualmente: "*Anda ya, cómo me voy a ver a mí mismo. Puedo ver mi brazo, mi pierna… pero no a Álvaro*". Me quedé atónita. Y pensé: ¡¡Cielos!! Este se ha leído el estadio del espejo en Lacan. Texto, para variar, más que incomprensible aunque me referiré a él de aquí a un momento. De cualquier modo, desde su corta edad, mi hijo apelaba a la imposibilidad de acceder a la completud y la necesidad de reconstruirnos en una unidad ilusoria, para escapar de la fragmentación corporal.

El momento inaugural en el que un sujeto se ve a sí mismo de cuerpo entero, es un momento mítico y, haciendo honor al adjetivo, ¡cómo no!, está explicado ya por un mito desde tiempos inmemoriales. Es el de Narciso, en el que se nos advierte de los peligros de no saber quién es uno mismo y también de la necesidad de reconocer al otro.

Narciso era un apuesto joven que rechazaba de forma habitual a todas las doncellas que intentaban atraerlo. Hasta que una de ellas se dirigió a la diosa de la venganza y le expresó su deseo de que también a él le llegara la ocasión de experimentar el amor y no ser correspondido.

La diosa decidió escuchar su ruego y condujo a Narciso hasta una fuente de cristalinas aguas, en cuyo lecho él vio su imagen cuando se inclinó a beber. Supuso que era un espíritu de las aguas, y enamorándose de él, se enamoró de sí mismo. Cada vez que Narciso intentaba abrazar al supuesto espíritu, éste desaparecía y tras múltiples tentativas, murió de amor. Su cuerpo no apareció y en su lugar encontraron la flor que lleva su nombre.

Freud da el nombre de Narcisismo (1914) a un componente del psiquismo humano que, puesto al servicio de la autoconservación, es imprescindible en las primeras etapas evolutivas del ser humano, pero que después deberá resignificarse en un narcisismo al que llamará secundario, para no "ahogarse" en él.

Así, en el narcisismo primario, necesita de la existencia del otro para poder sobrevivir: ser alimentado y cuidado. Pero inicialmente él no puede responder de una forma recíproca a esto que se le ofrece. La primera exploración que hace del mundo es la de su propio cuerpo: recibe caricias, le acunan, succiona, se mira las manos, los pies... Cuando la maduración biológica se lo permite, puede empezar a explorar su entorno y llegar a descubrir en el espejo, la imagen de sí mismo. Una imagen que siempre responde a lo que él propone: si levanta una mano, se levanta en el espejo; si ríe, la imagen del espejo ríe; si come, la imagen del espejo come.

Este "momento" fue teorizado desde el psicoanálisis por Jacques Lacan, que en 1936 retomó las teorías de Wallon (1931) en relación a la "prueba del espejo" según la cual el niño podía ir pasando progresivamente de su imagen especular a la simbólica. Integró también las del embriólogo holandés Louis Bolk, quien en 1926 estudia por vez primera los efectos que la prematuración del nacimiento implicaban a nivel psicomotriz. Entre otros, que la inmadurez del neuroeje genera una discordancia entre lo visual y lo motriz, que hace que el niño pueda (para abreviar) antes ver que alcanzar, con todo lo que esto implica a niveles de anticipación y frustración, por nombrar sólo dos de las primeras consecuencias a nivel psíquico que implica esta realidad orgánica.

"El estadio del espejo" (1949) refiere a ese momento mítico en que el niño se reconoce en el mismo, y Lacan lo considera fundamental para la génesis del Sujeto y el encuentro con un Yo Ideal. Yo narcisista, omnipotente, sin fisuras, perfecto. Como el espíritu que Narciso descubre en el agua. Este amor por sí mismo, es reforzado además por el entorno, que vive la presencia del niño como si de "su majestad el bebé" se tratara.

Ya de adultos, y si hemos podido hacer un buen recorrido en nuestras relaciones con los demás y con nosotros mismos, encontramos restos de este narcisismo en las inevitables estrategias para sobrevivir, cuidarnos o no situarnos gratuitamente en situaciones agresivas. En definitiva, buscar en la medida de lo posible nuestro bienestar. Esta actitud nos la permite el narcisismo secundario. Secundario no por ser menos importante, sino por ser una versión del primario, del que sigue conservando algunos de sus rasgos.

También es este narcisismo el que nos posibilita la búsqueda de aquello que deseamos (consciente e inconscientemente) y de lo que carecemos, ya sea a través de las relaciones amorosas, las actividades artísticas e intelectuales o las religiosas.

Cuando iniciamos la formación personal, sentados en círculo en la sala, nos nombramos y cada uno verbaliza las motivaciones, los deseos, que le han llevado a estar aquí. Las temáticas generales que aparecen van y por este orden, en la siguiente línea:

- Por crecimiento personal.
- Por no haber hecho nada de este estilo a lo largo de mi formación universitaria.
- Porque siento que existe esta carencia en relación al trabajo que desempeño actualmente.
- Por haber conocido en las prácticas de materias optativas como Intervención Psicomotriz y Técnica Psicoanalítica, que no bastan los conocimientos estrictamente intelectuales para intervenir de manera adecuada con los niños.

Este comentario aparece en último lugar, porque nuestros alumnos no siempre provienen del ámbito de la psicología. También acuden desde otros curriculums como la fisioterapia, enfermería, pedagogía, educación social, o maestros en su mayoría de la especialidad de educación infantil, educación especial, o educación física.

Pero en todos los casos, vemos que su deseo tiene que ver con el Eros Platoniano: la búsqueda de aquello de lo que se carece. Y que en este sentido parte de la premisa también platoniana: el deseo de saber implica el reconocimiento de la propia ignorancia. Una ignorancia por la que a menudo sentimos pasión (Lacan, 1971) y que aparece mezclada con el deseo de saber a lo largo de las sesiones de formación personal. La ignorancia nos instala en Tánatos, el deseo de saber en Eros. De nuevo la antítesis y mezcla de las pulsiones hace acto de presencia.

¿Cómo manejar esto sin que se activen los resortes que cada uno utiliza para gestionar esta problemática? Es imposible.

Desde el inicio insistimos en la obligación moral, el compromiso ético, de aprender a escucharse y modificar aquello que nos perjudica, si queremos escuchar e intervenir de manera adecuada en el otro. Sabedoras de las ansiedades que van a aparecer, animamos a verbalizarlas, aunque cada uno decidirá hasta dónde y si habla o no acerca del origen de las mismas.

Cuando un sujeto acude a la consulta del psicoanalista para resolver síntomas que obstaculizan su proyecto y su vivir cotidiano, se le pide que responda a la Regla Fundamental del Psicoanálisis (Freud,1904), por la que se insta al paciente a hablar de lo primero que le venga a la mente aunque le provoque vergüenza, asco o miedo. Vamos de la palabra a lo motriz. El sujeto habla de lo que le sucede y esto provoca reacciones a nivel físico, psíquico y emocional.

En la sala, el fenómeno sucede a la inversa: el cuerpo actúa, y después reflexionamos acerca de lo ocurrido. Y lo hacemos valiéndonos de todos los instrumentos que están a nuestro alcance: la palabra, el grafismo, el modelado… Todo lo que nos permite el acceso a la representación simbólica de lo que ha sucedido a nivel motriz, corporal. Pero no debemos olvidarnos de que precisamente éste es el recorrido seguido por Freud en sus orígenes: también él fue de lo corporal a lo verbal. No es éste el lugar adecuado para remitirnos a la historia del psicoanálisis. Baste recordar que en su búsqueda de nuevas hipótesis etiológicas y nuevas posibilidades de intervención en el terreno de las parálisis motrices, se encontró, como ya sabemos, con las que no obedecían a ninguna causa orgánica. Su deseo de saber le permitió a través de la hipnosis primero y de la asociación libre de ideas posteriormente –pero fijémonos, siempre a través de la palabra–, descubrir que el cuerpo también habla.

¿Por qué no se aplica como norma la Regla Fundamental del Psicoanálisis cuando pasamos a la rueda de las verbalizaciones? Son varios los motivos que justifican esta decisión. El primero y básico, es que la Formación Personal no se plantea como un espacio terapéutico, aunque pueda tener efectos a ese nivel por lo que iremos viendo más adelante. Por otro lado, el alumno no acude a la misma con una demanda manifiesta a nivel terapéutico, sino que lo hace desde vacíos existentes a nivel de currículum académico. Su objetivo no es la resolución de un síntoma o conflicto a través del acceso a lo inconsciente, sino el de adquirir las competencias indispensables para poder ser, hacer y estar en el rol del psicomotricista.

Empero, adquirir estas competencias implica un proceso de intros-pección y reflexión sobre la manera de relacionarse consigo mismo, con los demás y con el entorno socio-contextual en el que se está inmerso. Y aquí aparecen las identificaciones que ha hecho el sujeto a lo largo de su recorrido vital, el tipo de relaciones objetales que ha establecido, y los mecanismos de defensa que ha utilizado para manejar la frustración.

La posibilidad de acceder a su conocimiento permite que el futuro psicomotricista esté en condiciones de evitar la proyección y la repetición de su historia libidinal, en el marco de su intervención terapéutica. El término proyección ha sido objeto de grandes polémicas y polisemias. En nuestro caso nos referimos al hecho de depositar en el otro (paciente o alumno), defensas, emociones, deseos y frustraciones, que en realidad son nuestros y que no sólo están influyendo en sus reacciones, sino también en nuestra interpretación subjetiva de su conducta.

Estos componentes psíquicos responden a lo que, a mi modo de ver, admirablemente, P. Aulagnier designa como historia libidinal. Una histo-ria cuya realidad está marcada por las experiencias vividas en la primera infancia, pero que aun siendo determinantes para el funcionamiento psíquico, pueden ser reconstruidas siempre que el recuerdo y el trabajo psicoanalítico lo permitan (Aulagnier, 1988). De ahí la importancia de la formación personal del formador (valga la redundancia) para poder gestionar un dispositivo que le permita al futuro psicomotricista, el acceso a lo inconsciente, a aquello que sorprende de pleno al individuo.

Pero no podemos olvidar que estamos en una situación grupal y como tal hay que evitar los desnudos integrales. No le podemos pedir al alumno que hable de lo primero que se le pase por la cabeza, porque pueden aparecer contenidos dañinos e incluso traumáticos, para él mismo o para algún otro miembro del grupo.

Los elementos transferenciales, presentes en cualquier vínculo humano (incluso cuando vamos a comprar el pan, por poner un ejemplo), en el seno de la Formación Personal adquieren estructura de red. Y son las formadoras, en este caso, las que debemos contener lo que aparece para que el alumno no quede atrapado, como si de una telaraña se tratara.

En el último encuentro de la Formación del Master, construimos entre todos "La casa de los deseos". Los alumnos no saben que les haremos esta propuesta, pero sí están advertidos desde tiempo atrás, de que construyan con cajas vacías pequeñas recicladas, una caja única y original, en la que deberán escribir un deseo. Pueden construir el número de cajas que les apetezca.

Las formadoras traemos cajas grandes, en las que se van instalando las pequeñas a modo de decoración de la caja-casa en la que habitan los futuros deseos. Después cada uno se lleva las cajitas que quiere, siempre y cuando no sean las que ha hecho uno mismo. Pero antes de irnos, nos sentamos en círculo y quienes lo desean, explican el sentido y significado de lo que han construido.

En una de estas sesiones, una alumna trae una caja redonda (de porciones de quesitos) en cuya tapa hay dibujado un laberinto dorado muy bonito. En el centro, un orificio del que sale un hilo de los utilizados para pescar, y por tanto aparentemente invisible. Nos dice que el sentido de su caja y su deseo lo sabremos tirando del hilo y pasándonoslo entre nosotros sin seguir un orden preestablecido. Que cada uno lo haga suyo cuando quiera y lo relance al centro. Esto es lo que ella ha sentido en las sesiones. Hilos invisibles a nuestros ojos, (latentes), pero que nos unían con fuerza. "El laberinto de Ariadna", como ella lo tituló. Las versiones de

este mito son múltiples y diferentes, pero todas coinciden en que su enamorado Teseo debía pasar por una dura prueba que incluía el cruce de un laberinto, del que nadie conseguía salir. Ariadna decide ayudar al joven y le regala un ovillo para que una vez en el laberinto, lo vaya desenrollando y le sirva de guía para el regreso.

Esto es lo que sintió nuestra alumna. Recorridos a veces laberínticos, pero con la seguridad de anclajes que le permitirían encontrar de nuevo el camino.

Como decía anteriormente, no es fácil contener este cruce de vínculos y transferencias. Darles sentido. No sólo las formadoras actuamos como caja de resonancia de todas estas emociones, repeticiones, representaciones… También lo hacen los alumnos entre ellos, y no siempre con fortuna.

Aunque evidentemente advertimos desde el principio de la necesidad de no juzgar, rechazar, ni censurar, es inevitable que se produzcan situaciones como ésta: "Antifaces puestos, explorar la sala, encuentro con los objetos y con vuestros compañeros…". A. se encuentra con un grupo de tres personas que están jugando a explorar juntas la sala. La rodean y empiezan a relacionarse con ella, desde el júbilo del reconocimiento. A. empieza a temblar, a agacharse y colocarse en posición casi fetal. Me acerco a ella. Se quita el antifaz y empieza a llorar silenciosamente, pero con mucha angustia. Salimos al jardín, la escucho. Está sorprendida de lo que le sucede. Se considera una persona muy sociable y nunca hubiera pensado que pudiera sentirse tan invadida por el contacto físico con los demás.

Llega la rueda de las verbalizaciones, explica lo que le ha sucedido y una de sus compañeras le dice: "¿Tú quieres ser psicomotricista y no toleras que te toquen?". A. responde con lágrimas en los ojos (pero serena) algo parecido a que evidentemente deberá replantearse cosas. Su compañera le pide disculpas. El silencio en la rueda le indica que su intervención no ha sido adecuada. Echamos mano rápidamente de la sublimación y desplazamos la situación a un terreno intelectual en el que aprovechamos para poder empezar a plantear la diferencia entre un señalamiento y una construcción.

¿Que es un **señalamiento**? A lo largo de varios de sus escritos sobre técnica psicoanalítica ("Consejos al médico", "La iniciación del trata-miento", "Sobre la dinámica de la transferencia", 1912-1914), Freud nos indica sin definirlo de manera evidente, como solía suceder en muchas de sus conceptualizaciones, en qué consisten los "señalamientos": se trata de indicar-señalar al paciente, todo aquello que nos llame la atención desde nuestra atención flotante. Es decir, sin estar escuchando con una selección previa a nivel cognitivo, sin juzgar, ni seleccionar. Esto implica la posibilidad de indicar tanto a nivel corporal como verbal, aquello que aparece repetidamente como exceso o como defecto. Y la utilización también habitual y repetida de determinados mecanismos de defensa, dudas, omisiones, o lapsus.

El señalamiento es explícito y se da tanto a nivel de autopercepción, como desde la percepción de los demás (compañeros o formadoras). Pero sólo puede señalarse lo que es evidente a nivel fenomenológico, nunca el sentido que cada uno atribuya al acto que le ha llamado la atención. Entraríamos aquí, como hiciera la compañera de A., en una iatrogénica utilización de mecanismos interpretativos y además proyectivos, más vinculados a las formaciones inconscientes del que observa, que a las del que actúa.

R. es una alumna aparentemente obsesiva. Pulcra, estudiosa, ordenada, respetuosa… No hay día que no se olvide de algo "muy" importante para ella: la libreta en la que hace sus escritos sobre lo sucedido en la jornada de formación personal. Esto le hace pedir hojas que no coinciden en el tamaño ni la forma. Y se enfurece. Las compañeras, cuando nos senta-mos en el círculo, ya le preguntan sonriendo: "¿Quieres una hoja?". R. contesta: *"Sí, es que no se puede ser perfecta"*. Lo dice sonriendo y con aire de resignación. Su respuesta y su actitud indican como siempre en el *après-coup*, que este es un buen señalamiento por parte de sus compañeras, muy distinto al del caso de A. citado anteriormente.

Cumple con lo que siempre debería ser la función del mismo: operar como el instrumento inicial, que permite la reflexión acerca de lo que se le ha dicho y por tanto la posibilidad de evolución y transformación, si se está en condiciones de aceptarlo y resignificarlo. Es un señalamiento en el que, además, se dan todas las características citadas anteriormente: omisiones (u olvidos): no llevo la libreta que hay que llevar. Repeticiones: lo hago sábado sí, sábado también. Lapsus: conscientemente deseo traerla, pero inconscientemente la olvido. Contradicciones: ¡con lo perfecta que soy, cometer semejante imperfección…!

Que el señalamiento sea un instrumento inicial no significa en modo alguno que haya una primera etapa en la que el psiquismo se manifieste de este modo, para pasar a una segunda en la que opera la construcción y a una tercera y última que implica la interpretación. Aquí seguimos la lógica del inconsciente y también su tiempo. No hay un orden cronológico. Sus manifestaciones operan siguiendo el proceso primario, no el orden y la lógica que nosotros suponemos desde el pensamiento consciente o proceso secundario. Y se muestran a partir de la presencia de estímulos que mantienen algún tipo de conexión con nuestras huellas mnémicas.

En una de las sesiones y trabajando el concepto de "Oposición", dos de las alumnas relatan en el círculo que nunca se sentían capaces de agredir en su vida cotidiana, y que en cambio en la situación lúdica que habían vivido en la sala, hasta habían disfrutado haciéndolo.

Su intervención fue útil no sólo para ellas, sino también para todo el grupo, una vez señalada la ecuación simbólica que establecían entre oponerse y agredir. Como relataron ambas en sus memorias, siempre ocupaban el lugar de víctimas en sus relaciones. Tanto la una como la otra acabaron pidiéndome el número de algún terapeuta. Eso sí, cuatro y cinco años después respectivamente…

Pero antes de llegar a esto, el recorrido es largo y en espiral. Se vuelve a transitar por los mismos lugares, por los mismos nudos conflictivos, pero entre espiral y espiral, han ido sucediendo cosas. Sobre todo, modificaciones de la repetición gracias a los vínculos transferenciales establecidos.

E. permanece siempre en un rincón. No puede hablar con nadie, pero ahí está. En la formación personal, en los seminarios teóricos, en las prácticas con los niños, nunca (y digo nunca) ha fallado a alguna sesión. Sus memorias a nivel intelectual son excelentes. La conexión emocional, nula. Todos juegan con el paracaídas y las pelotas pequeñas. Es un momento de júbilo del que ella no participa. S., la "fuerte" del grupo, que siempre habla con rabia de sus progenitores por lo abandonada que se ha sentido por ellos, me mira. Le respondo afirmativamente, también con la mirada. Y encabeza la marcha hacia E., a quien acogen bajo el paracaídas. Participa de la escena, sin que se vea. Llega el momento de la rueda de verbalizaciones. E. muestra una sonrisa de oreja a oreja, pero no abre la boca.

En sus memorias, muchos meses después escribe como comentario a esta escena: "Se puede participar a tu manera. No hay que ser como los demás quieren, para que te quieran. Me ha costado mucho hacer este Master, pero estoy contenta".

E., en su escueto estilo, nos habla de un saber acerca de sí misma que ha descubierto a partir de una señal, una indicación de su compañera, secundada después por todo el grupo. Allí donde sólo había vacío, soledad, miedo… el psiquismo ha sido capaz de **construir** algo diferente. Otra posibilidad.

Si bien en sus primeros escritos técnicos Freud da más peso a todo lo vinculado a la interpretación, en varios de sus relatos clínicos ("El hombre de los lobos", "El hombre de las ratas", "Psicogénesis de un caso de homosexualidad femenina", 1909-1919), ya expone varios ejemplos de lo que él denomina "construcción", aunque no es hasta 1937 que se publica por vez primera el trabajo titulado "Construcciones en el análisis".

En él, como hiciera en otros textos porque era un tema que le fascinaba, compara las **construcciones psicoanalíticas**, con las arqueológicas: en ambos casos se trata de rescatar pedazos del pasado que están ahí, aunque parcialmente ocultos, y tanto el analista como el paciente, deben intentar retenerlos en su memoria para ir a buscarlos, cuando aparezca el pedazo que permita ir avanzando en la reconstrucción. (A mí me recuerda a esos juegos infantiles en los que se ponen las cartas boca abajo y cuando es tu turno levantas una y debes retenerla donde estaba, para ir en su búsqueda cuando aparezca la pareja o la complementaria).

En la sala las construcciones son frecuentes y hay que seguir el precepto freudiano de ser muy cuidadoso con ellas, y por supuesto tomarlas siempre en consideración como meras conjeturas o hipótesis. Si parten de los compañeros o las formadoras, el peligro todavía es mayor. Se reciben con aceptación, rabia, indiferencia o idealización, en función del emisor. La solución más fácil pasa por dejar que sea el propio alumno el que establezca sus conexiones y les busque su sentido y significado.

G. es una alumna activa, emprendedora. En una de las sesiones, proponemos un juego grupal que implique una representación. La que el grupo decida. G. no está de acuerdo con la representación decidida, pero como es aceptada por la mayoría, la respeta aunque la considere "impuesta". Cuando llega la distribución de roles, una compañera por la que siente mucho afecto le hace una propuesta a la que ella es incapaz de negarse pero que no le gusta en absoluto. También la siente como impuesta, pero la acepta. Está muy incómoda durante toda la puesta en escena. Continuamente le vienen flashes: de su tutor de prácticas, que contrariamente a lo que vive ahora, siempre pregunta a los niños a qué quieren jugar, y de la cantidad de situaciones en la vida que le son impuestas y a las que debe someterse aunque le parezcan desagradables. Lo une todo y construye: "La motivación en terapia es fundamental… si yo hubiera sido mi terapeuta y hubiera sabido leer mis pocas ganas de ser (…), me hubiera ofrecido a mí misma otro rol… La motivación es el motor para poner en marcha y a gusto, cualquier proyecto".

En esta hermosa reflexión, nuestra alumna ha sido capaz de construir y adquirir un nuevo saber, vinculándolo además a tres espacios aparentemente distintos, pero enlazados entre sí: sus vivencias cotidianas, su práctica profesional, y las actividades en la sala. Pero además, nos indica una de las funciones más importantes del terapeuta: la de saber leer las ganas, los deseos de sus pacientes. Ese saber leer es lo que en psicoanálisis llamamos **interpretación.** Término más que complejo.

Si tenemos un texto en otra lengua que no sea la nuestra, y lo pasamos a diferentes traductores o a intérpretes de un discurso hablado, lo más probable es que nos encontremos con textos distintos, aunque en el mejor de los casos, de sentido y significado parecido. Siguen unas ciertas reglas gramaticales y apelan a unos símbolos que tienen una traducción universal, etimológica. Aunque esto no siempre es fácil. Sólo por comentar la obra freudiana, ya tropezamos con un escollo en la traducción: "Trieb", en alemán significa indistintamente pulsión e instinto, lo que ha llevado incluso a la caricaturesca situación de que uno de sus escritos fundamentales reciba en según qué traducciones el nombre de "Los instintos y sus destinos" o "Las pulsiones y sus destinos". ¡Casi nada!, teniendo en cuenta la lucha freudiana y postfreudiana para diferenciar ambos términos, tan importantes por otro lado en nuestro trabajo. Lo mismo sucede con "Seele": alma y psique. Ambigüedad que ha sido un caldo de cultivo para todos los "científicos" opuestos al psicoanálisis.

Si diccionario en mano, ya nos pasa esto con la interpretación, no será complicado imaginarnos lo que sucede cuando de formaciones del inconsciente se trata. Repletas de mecanismos de defensa, censuras y recuerdos encubridores. Punto importante que apela a nuestra necesaria modestia: trabajamos con los recuerdos asociados al aquí y ahora de la sala, no con los eventos histórico-vivenciales que han generado estos recuerdos.

Freud habla de interpretación desde sus primeros escritos. Y lo hace apelando al símbolo. Elemento más que importante en nuestra formación personal y que retomaremos más adelante. Y como suele suceder con todos los descubrimientos, éste también es debido al azar. Freud llega becado a la Salpetriere en París, para estudiar las parálisis motrices. Y se encuentra con cuerpos que paralizados, no tienen justificación orgánica alguna para que esto suceda. La parálisis es un síntoma, un signo de alarma. En definitiva, un símbolo que pone en evidencia que hay algo, distinto a lo manifiesto, que no funciona. Y Freud, como buen investigador que era, se empeña en descubrir el significado de esos síntomas, elevados ya a la categoría de símbolos, sustitutos de…

El método al que recurre, porque en ese momento no existía otro, es la hipnosis. ¿Qué es lo interesante de este momento inicial? De entrada, que se ponen en evidencia mecanismos vinculados a la censura racional, consciente, que están deformando la realidad de lo ocurrido, porque su recuerdo en estado consciente alteraría la homeostasis del individuo. Entonces… puedo paralizar mis piernas, antes que aceptar el pensamiento intrusivo de ir a bailar cuando escucho la música y mientras cuido a mi padre moribundo. Pero esta asociación la reprimo, no quiero saber nada de ella. La parálisis entonces, y en contra de lo que pueda parecer a nivel manifiesto, está simbolizando el deseo de moverse (Freud, 1893).

¿Podemos a partir de ese momento inaugural, afirmar que toda parálisis sin base orgánica va a ser la manifestación en forma reactiva de un deseo de moverse? Evidentemente, no. Entonces, ¿en qué podríamos basarnos para interpretar el síntoma, la emoción o el recuerdo de un paciente?

> "…Estamos habitados por textos, somos como archivos, o como una biblioteca donde fluyen textos que se desplazan, se interpenetran, hasta que tal vez se detienen en anaqueles y se inmovilizan allí. Pero no somos dueños de esos textos, sólo sabemos de su existencia por los síntomas, intraducibles salvo que un traductor sagaz nos ayude; pero la versión será siempre aproximada" (García Reinoso, 1981).

He escrito textualmente esta cita porque refleja con fidelidad lo que yo pienso en relación al tema de la interpretación. El trabajo fundamental de Freud en referencia a este término data de 1900 con "La interpretación de los sueños". Tratado que en nuestros días sigue vigente y en el que rescata sentidos en relación a la interpretación, que proceden del campo filosófico, religioso y también de otras culturas. Pero la mayor importancia de éstos, para Freud, consistía en ser una vía regia, directa, de acceso al inconsciente, y advertía del peligro de hacer interpretaciones desde el psiquismo del terapeuta y sus conocimientos. Aunque después no descartará apelar a la simbología colectiva para ayudar al paciente, él siempre insistirá en los peligros de hacer que todo sea interpretable, y señalará las dificultades de interpretar sueños en ausencia del soñante, tal y como responde al historiador Maxime Leroy cuando le pide la interpretación de tres sueños escritos por Descartes (Freud, 1929). Y apela a la necesidad de la transferencia, para que el acto interpretativo aparezca. También en "Psicopatología de la vida cotidiana" (1901) alerta de las interpretaciones de lapsus, actos fallidos u ocurrencias, que pueden tener un sentido para el que los emite totalmente distinto al que les otorga el receptor.

Posteriormente, M. Klein (1930) plantea la interpretación desde un punto de vista totalmente intuitivo y más vinculado al saber del analista que al del paciente. Más adelante, Winnicott (1968) afirma que la interpretación debe consistir en que el analista refleje lo que el paciente le ha comunicado. Aquí el saber vuelve a quedar del lado del sujeto que acude a la consulta.

Para el movimiento lacaniano (1958) y postlacaniano, la interpretación se basaba en el sentido de los juegos de palabras, matemas o nudos borromeos, que estaban en la base estructural del discurso. De nuevo hay un saber, llamado aquí Supuesto Saber, que indica una posición del analista y que le es también otorgada por el paciente.

En la sala dejamos siempre que el fenómeno interpretativo, si es que se produce, aparezca del lado del alumno. A nivel teórico lo pensamos como un decir a nivel corporal o verbal, que irrumpe sin que uno se haya preparado cognitivamente para que esto suceda, que sorprende y que tiene carácter de descubrimiento, aunque de entrada no necesariamente se comprenda su sentido y significado.

M. se marea cuando es conducida por sus compañeras del trío, en una propuesta con los ojos tapados. El mareo es de tal intensidad que ha de pedir que interrumpan la actividad.

Cuando nos sentamos en el círculo las compañeras le preguntan qué le ha pasado, y M. responde que se ha debido marear por llevar los ojos cerrados. A lo que ellas dicen: "¡Ah! pero no debía ser por eso, cuando hacías la actividad en solitario también llevabas los ojos tapados y no te has mareado". El comentario funciona como un señalamiento, al que se añade una pregunta por parte de una de las coordinadoras y vía asociación libre de ideas: "*¿Cuando tú no conduces, te mareas?*". M. responde afirmativamente y con gesto de enfado.

En el encuentro siguiente, un mes después, pide un espacio para hablar al inicio de la sesión. (Siempre hacemos círculo al encontrarnos y dejamos un tiempo por si hay comentarios de la sesión anterior). M. explica que se sintió muy molesta con los comentarios. Para regresar a su casa debe hacer una cantidad considerable de kilómetros, que ya realiza de forma automática. Durante el trayecto llora. Recuerda que de pequeña se mareaba cuando hacía viajes con sus padres e iba sentada en el asiento posterior, y por ese motivo acabó ocupando siempre el asiento de su madre. A partir de ese recuerdo, hace una construcción: "Me debí marear recordando esa escena", a la que sigue una ocurrencia interpretativa: "¿Cuántas veces he

querido ocupar el lugar de mi madre y que ella desapareciera? ¿Por qué
quería eso?". El interrogante queda en el aire. Si lo desea, M. deberá ir
a respondérselo en otro lugar. La formación personal no es el espacio
adecuado para ello.

Pero sí lo es para el descubrimiento. Y esa es otra característica que
reviste a la formación de eficacia terapéutica. En la mayoría de los casos,
el grupo no tiene ni siquiera una constancia directa del efecto que las
actividades han tenido en sus compañeros. Lo reprimido, lo está por la
alteración homeostática que provoca su recuerdo. Sea de displacer, vergüenza o asco. Y por tanto, cuando se accede a él, no siempre se puede o
se debe verbalizarlo en el círculo. Aquí hay una diferencia significativa,
respecto al trío y sobre todo a la redacción de las memorias.

Si el trío funciona de manera adecuada, el nivel de intimidad permite
verbalizaciones que no se producirían en otro contexto y que el resto, a
menudo, desconocemos. La redacción de las memorias, en las que se
incluye el formato de diario reflexivo, facilita también la libre expresión
de las emociones vividas. Al texto sólo tienen acceso las coordinadoras, y
en este sentido hay que apelar a la ética profesional y hacer comentarios
siempre generalistas de lo que hemos leído pero no necesariamente ha
sido verbalizado en las sesiones.

Concluyendo: como hemos visto en este y otros capítulos del texto,
los objetivos que están implícitos en nuestro planteamiento de la formación personal, suponen la puesta en acto del sistema psíquico a nivel
consciente e inconsciente.

Los vínculos que se establecen con las formadoras y el resto de compañeros del grupo, permiten que aparezcan repeticiones de relaciones
objetales, no siempre satisfactorias. Pero el dispositivo puede hacer que
los recuerdos asociados a estas repeticiones entren en el camino de su
elaboración y transformación.

En las conclusiones o reflexiones personales de los alumnos, al término
de su formación personal, aparecen frases tan aparentemente sencillas
como éstas: "Nunca había soportado a mis sobrinos hasta ahora". "Dudo
de mi capacidad para saber cuidar, por el abandono que yo sufrí en mi
infancia… el grupo me ha devuelto la confianza en mí mismo, no pocas
compañeras han sentido que yo podía acudir a contenerlas en momentos de tristeza…". "El último día nos emocionamos todos cuando vimos
que L., a modo despedida, se subía a la pelota grande. Nos miraba con
cara desafiante, de triunfo y acabamos llorando todos". "Si te mueves, te
mueres. Nunca hasta llegar aquí, sentí que ése era el discurso materno,
evidentemente por cuestiones de su historia personal proyectadas en
mí. Primero sentí rabia (que también desplacé a algunos miembros del

grupo), después tristeza, y finalmente el deseo de encontrar y seguir mi propio ritmo".

La formación personal implica siempre la puesta en acto de la repetición, pero introduciendo elementos nuevos que van a permitir reelaborar el recuerdo no necesariamente consciente, y transformarlo. "¿Cómo puede ser que hasta que no me lo han señalado mis compañeros, yo no era consciente de lo poco usual que es llamar a mis padres por su nombre de pila?".

Si hay la contención suficiente para responder a esta pregunta, encontrarle un sentido y plantearse o no su transformación, estamos en condiciones de asegurar que hemos llegado a "*serendipity*": la facultad de hacer, por casualidad, descubrimientos afortunados e inesperados.

"...el destino puede ser cambiado, no sólo por la aparición del recuerdo, sino, y sobre todo, por la construcción de lo nuevo, lo distinto: abrir las puertas, derribar muros, abrir caminos a la pulsión en sus posibilidades de transformación..." (Marucco, 2007).

CAPÍTULO 9

El proceso de transformación y su representación simbólica

Inés Tomás

La posibilidad de expresar simbólicamente lo que aparece en el transcurso de las sesiones de formación personal opera en relación con nosotros mismos y el otro (espacio, tiempo, objetos, compañeros, coordinadores), y nos permite descubrir, elaborar y transformar todo aquello que constituye un obstáculo para nuestro bienestar, crecimiento personal y escucha del otro.

La representación simbólica constituye, pues, uno de los dispositivos que tenemos a nuestro alcance para acceder a las posibilidades de transformación que mencionábamos en el capítulo anterior, en el que hemos hablado del símbolo como elemento que desde el punto de vista freudiano permitía acceder a la interpretación.

Aquí nos acercaremos al símbolo como representante que no sólo implica una interpretación significativa del mismo a nivel individual y colectivo, sino que además permite el acceso al autoconocimiento, la catarsis y la terapia.

1. Pero... ¿qué significa representar simbólicamente?

Utilizar el término representación conlleva grandes dificultades a la hora de formalizar un marco teórico al respecto. De entrada ya estoy utilizando la representación lingüística, para tratar de darle un sentido. Y por tanto ya estoy comunicándome a través de un significante, que representa lo que quiero transmitir. Que está "en lugar de" y que se eleva a la categoría de símbolo a partir de ese mismo momento.

A nivel etimológico, el símbolo es "una representación sensorialmente perceptible de una realidad, en virtud de rasgos que se asocian con esta por una convención socialmente aceptada" (Diccionario de la Real Academia Española, p. 2066).

En nuestra tarea como psicomotricistas, esta definición no nos ayuda mucho. De entrada niega las diferencias individuales y cómo cada uno hace suyo el significado de símbolos que aparentemente tienen un sentido universal. Por otro lado, apela a la percepción sensorial refiriéndose única y exclusivamente a los estímulos externos, sin tener en cuenta los internos o pulsionales, de los que uno difícilmente puede escapar. Si tengo calor y lo percibo, puedo apartarme de la estufa o quitarme la chaqueta. Pero si me persigue la idea obsesiva de "si te mueves, te mueres", es difícil que pueda desprenderme de su percepción. La realidad psíquica ha entrado en escena con tanto o mayor peso que la externa.

2. Manifestaciones de lo simbólico… en la vida cotidiana

Son las ocho de la tarde, de un día cualquiera. Como hace habitualmente, Lucía prepara el baño de su hijo de 6 años. Mientras el niño juega, supuestamente, en la bañera como cada día, ella va organizando la cena y al rato va a preguntarle cómo va todo y si ya está listo. Para su sorpresa, el niño está muy serio con el guante de crin que ella utiliza y frotándose enérgicamente una mancha de nacimiento que tiene en su brazo izquierdo. A la pregunta de por qué hace esto, el niño le contesta muy serio que hoy el sacerdote que va a su cole, les ha explicado que todos nacemos con la mancha del pecado original, y que precisamos del bautismo para que ésta desaparezca e intentemos vivir sin pecado para que no vuelva. Sus padres no son creyentes y no le han bautizado. Por lo que es evidente que él sigue teniendo esta mancha.

Pol es un chaval inteligente, ha accedido a la representación simbólica: puede leer, escribir, y comprender las operaciones básicas de las matemáticas, pero el simbolismo colectivo ha podido más que todo esto. La mancha en su cuerpo es la evidencia concreta de su pecado original. Es un símbolo, y como tal, un sustituto, que encierra en sí mismo todos los mecanismos metafóricos, condensación y desplazamientos incluidos, de todo representante simbólico. De aquello que está en lugar de, o representando algo distinto.

Los estudios clásicos respecto al simbolismo (Douglas: 1973; Geertz, 1990; Leach, 1978; Sperber, 1978 y Turner, 1980), indican algunos de los aspectos que podemos contemplar en el ejemplo escogido. Los símbolos tienen una gran capacidad de extensión y penetración en la vida humana. Responden a una multiplicidad de sentidos y significados y no tienen un sistema de señales propio aunque con el tiempo lo conviertan en ello.

Además, la dimensión intelectual y emocional de la que puedan revestirse difiere en función de la cultura en la que el individuo está inmerso y de la historia personal del mismo.

El símbolo, en este último sentido, facilita el conocimiento ya que permite traducir aquello que es abstracto a lo concreto, aquello que no tiene forma a lo que sí la tiene, ir de lo complejo a lo simple, de lo que nos resulta desconocido a lo que nos resulta familiar, y permite el tránsito de lo misterioso a lo que se nos manifiesta como cotidiano.

3. En la formación: introducción a la representación simbólica. Subjetividad versus objetividad

Como cada año, y en vistas de la eficacia simbólica que esto tiene, empiezo uno de los seminarios teóricos del Master dedicado a la representación simbólica, escribiendo en la pizarra un signo en forma de cruz. Y pregunto a los alumnos qué les sugiere. He aquí algunas de sus respuestas: una cruz en el sentido religioso del término, una cruz como signo distintivo de una farmacia, una cruz como representante del signo más, dos ejes de coordenadas estadísticas...

La subjetividad hace acto de presencia, con algo tan simple. ¿Para qué puede servirnos esta sencilla y breve experiencia? Para comprender que el significante apela a tal multiplicidad de significados, que sólo escuchando el caso por caso, podremos intervenir de manera adecuada en nuestra formación personal y en nuestra intervención terapéutica.

Siguiendo a C. Geertz (1990), los símbolos proporcionan modelos de conocimiento de la realidad (expresa cómo el mundo está organizado) y modelos para la realidad (expresa cómo el mundo debería estar organizado). Y entraríamos aquí ya en una dinámica del deseo, (consciente e inconsciente), que le permite al individuo hacer uso de su capacidad sublimatoria, para en aras de la fantasía, transformar la realidad de acuerdo con sus deseos, aspiraciones y frustraciones. Esto es lo que refleja Freud en "El poeta y los sueños diurnos" (Prat, 2007).

A mi modo de ver, el símbolo permite que lo que en realidad es efímero y hasta en ocasiones inexistente, permanezca. Que se mitigue la angustia que nos genera no poder asirnos a lo concreto. Pero el símbolo también tiene su cara tanática: la de rememorarnos en algunas ocasiones, vivencias, recuerdos o valores transmitidos de los que preferiríamos no saber.

Es muy importante que el futuro terapeuta psicomotricista tenga acceso a esta verdad. De lo contrario volverían a hacer acto de presencia sus mecanismos de proyección a la hora de interpretar las representaciones del paciente y no podría ayudarle a encontrar el sentido que tienen para él, y en caso necesario, atravesarlo.

La viñeta de Pol en su vida cotidiana ya nos muestra cómo un símbolo de procedencia religiosa, ha sido capturado por su imaginario y lo ha podido transmitir a nivel simbólico, con esa mancha en el cuerpo. En la formación personal, dentro de la situación experimental (casi de laboratorio diría yo) que es la sala, esta inscripción de lo psíquico en lo corporal se hace evidente a diario.

Alex recibe una sesión de relajación y conciencia corporal, a través de la propuesta: "Con vuestras manos y el uso de pelotas blandas, debéis intentar conseguir en el otro, el máximo de relajación posible. Su compañera se esmera en ello. Al término de esta actividad, han de hacer una representación gráfica respecto a lo que han sentido.

Alex dibuja un panadero que con una de las antiguas palas de madera que se utilizaban para hacerlo, introduce un pan en el horno. En la rueda de verbalizaciones, y frente a la sorpresa de todos ante su dibujo, es capaz de relatarnos lo que le ha sucedido: ha vivido la experiencia de la relajación con una enorme tensión muscular. Sentía que su compañera le estaba amasando como si fuera un pedazo de harina que había que modelar y al que dar consistencia. Y lo que deseaba es que lo terminara para entrar en el horno y transformarse en un maravilloso pan ("Los símbolos y su transformación", según Jung).

Veamos otra situación. Es nuestro primer encuentro de formación personal en una de las ediciones del máster. Al iniciar la sesión de la tarde, como suele ser habitual, empezamos con una técnica de relajación. Procuramos diversificarlas a lo largo de la formación, para que tengan acceso a una aproximación genérica de las mismas.

Al ser el primer día, la técnica introducida es la de Schultz. Aparentemente, la movilización que genera a nivel emocional esta técnica no es demasiado fuerte. Pero Lidia empieza a moverse, y la parte superior de su cuerpo manifiesta una notable inquietud. Cuando me acerco a ella, está llorando. Después de preguntarle, pongo mis manos en su plexo solar y la taquicardia más que considerable que tenía va cediendo. Poco a poco. Y se instaura la calma. Le pregunto si prefiere salir o quedarse en la sala con la tranquilidad que le ha sobrevenido en este momento, y me indica que prefiere quedarse.

Cuando los alumnos van saliendo del estado de relajación y nos preparamos para retomar el trabajo de la tarde, Lidia se me acerca y me pide disculpas. Dice no entender por qué se ha puesto así, pero que cuando Cori llegó a dar las indicaciones de relajación respecto a la escucha del corazón, a ella le vinieron inmediatamente a la cabeza las imágenes de su padre tras sufrir un infarto y estar varios días en la UCI debatiéndose entre la vida y la muerte. Afortunadamente pudo remontar el episodio. Pero de momento, para ella, el corazón simboliza sufrimiento, pérdida y un nivel de angustia suficiente como para ser inscrito corporalmente y aparecer la taquicardia.

También en el encuentro con los objetos de la sala, la carga simbólica individual acaba trascendiendo al significado que habitualmente se les otorga a nivel genérico.

En una de las sesiones de Formación Personal, se plantea la siguiente propuesta: "Con uno cualquiera de los objetos que hay en la sala, y con el compañero que habéis escogido previamente, representar la palabra seducción".

Es una propuesta que siempre genera inhibiciones. Parece que en nuestra sociedad es más fácil hacer pública la agresión que la seducción. Hace un par de años, en el metro de Nueva York, te encontrabas entre otros, con dos carteles publicitarios de películas. Uno apelaba a lo erótico y se veía a una chica de cintura para abajo, con ropa interior y una mano explorando en su sexo. El otro representaba a un perfil masculino de color negro, con un revólver y una mancha roja irrumpiendo en la figura. Retiraron el de la chica buscando el placer autoerótico, pero no el del chico escenificando la agresión y la violencia.

A lo que íbamos... Miriam escoge una cuerda, símbolo de "atar, unir, reunir y retener" (Aucouturier, 2004). En sus orígenes, la cuerda es *"un símbolo general de ligazón y conexión, como la cadena. La cuerda anudada, en el sistema jeroglífico egipcio, significa nombre. Varios signos en forma de nudo, lazo, cinturón, corona, etc. tienen relación con el nombre por ser el nudo símbolo de la existencia individual"* (Cirlot, 2006). En este mismo sentido, Freud apela a la cuerda como representante del cordón umbilical (1900).

Pero la compañera de Miriam no siente lo mismo. Para ella la cuerda implica agresión, ser poseída e inmovilizada. Y el ejercicio de seducción, como le sucedió en su trayectoria vital, es sinónimo de agresión, y rompe a llorar para sorpresa de Miriam.

4. La representación simbólica como estrategia de diagnóstico

El primer día de nuestro encuentro, pedimos a los alumnos que se modelen a sí mismos con plastilina. Ariadna lo hace con su hijo de seis años, cogido de la mano. En la última sesión de formación personal, al finalizar este primer curso del Master, retoman la figura y pueden retocarla si lo desean. Ariadna separa ambas figuras. En ese emocionante momento, es capaz de dar una existencia a cada uno de ellos por separado.

También en las sesiones con los niños, el juego simbólico aparece como una de las manifestaciones resultantes de la interrelación entre las fantasías corporales y la realidad corporal. Y la posibilidad de su posterior representación simbólica permite la evolución de un esquema corporal, construido y consolidado. Es una fase que favorece el descentramiento. Una actividad que se realiza fundamentalmente a partir de la consciencia del propio cuerpo. Sin descuidar, sin embargo, los aspectos proyectivos de la propia imagen, que aparecen en toda representación.

Las técnicas para lograrlo van desde el dibujo al modelaje, la construcción con las maderas... la palabra (Rota, 1996). La representación simbólica permite traducir aquello que hay de fantasmático en el ser. Desde Aucouturier, *"los fantasmas son deseos que no se corresponden con el principio de realidad, y que si convertimos en reales pueden abocarnos a la locura, despegarnos del contacto con lo terrenal, e «instalarnos en las nubes»"*.

Si podemos identificar con qué está conectado el fantasma, podremos *"comprender la demanda profunda que se perfila en el juego simbólico"* (Aucouturier, 2004: 229). Se trata de *"la traducción del discurso fantasmático, con un nivel espacial y gráfico y con verbalización, a un registro simbólico"* (p. 231).

Nos proponemos llevar al niño al plano de la realidad obligándolo a inscribirse en el registro simbólico. Pero de nuevo... ¿Qué es simbolizar? El sentido inicial de símbolo es muy revelador: *La Odisea* cuenta que el padre de Nausicaa y Ulises han compartido el símbolo. Para ello una piedra ha sido partida en dos partes y cada uno ha guardado una. Esta piedra no tenía interés como tal, pero sí tenía un valor de signo. Diríamos ahora que se trata de un significante que perdía todo su sentido, si el significado era olvidado.

Por consiguiente, podemos afirmar que nos encontramos en el registro simbólico cuando se cumplen dos condiciones:

- Se mantiene el vínculo convencional significante/significado y
- el código se comparte con un partenaire o con un conjunto de otras personas, lo que plantea una dimensión social y nos inscribe en el plano de la realidad (p. 232).

El objeto, el dibujo, la palabra, tendrán pues *"un valor sustitutivo (ocupa el lugar de...), y por consiguiente un carácter simbólico. Se trata de una representación indirecta y figurada de un conflicto. Adoptamos en consecuencia un amplio sentido, dado que admitimos que cualquier forma sustitutiva tiene un valor simbólico que conviene caracterizar"* (pp. 234-235).

5. Concluyendo

Siguiendo a Cirlot en su magnifico *Diccionario de símbolos*:

"Dado que todo símbolo resuena en todos los planos de la realidad y que el ámbito espiritual de la persona es uno de los planos esenciales por la relación reconocida tradicionalmente entre macrocosmo y microcosmo, que la filosofía ratifica considerando al hombre como «mensajero del ser» (Heidegger), se deriva que...

Todo símbolo puede ser interpretado psicológicamente... Jung insiste en el doble valor de la interpretación psicológica, no sólo por los datos que facilita sobre el material nuevo y directo de sueños, ensueños diurnos y fantasías, relatos, obras de arte y literatura, sino por la comprobación que éstos arrojan sobre los mitos y leyendas de carácter colectivo. Señala también que la interpretación de los productos del inconsciente tiene dos aspectos: lo que el símbolo representa en sí (interpretación objetiva) y lo que significa como proyección, como «caso» particularizado (interpretación subjetiva). Por nuestra parte, la interpretación objetiva es la que denominamos «comprensión», simplemente. La subjetiva es la verdadera interpretación, que consiste en la traducción del sentido más general y profundo del símbolo a un momento concreto particular, a unos casos determinados.

La interpretación psicológica es el término medio entre la verdad objetiva del símbolo y la exigencia situacional de quien vive ese símbolo. También interviene en variable escala la tendencia del intérprete, a quien será ciertamente difícil sustraerse de su orientación peculiar. Es ese momento en el que los símbolos, aparte de su carácter universal, pasan a sobredeterminarse con sentidos secundarios, accidentales y transitorios, en dependencia con la situación en que aparezcan, cual ya se dijo".

CAPÍTULO 10

Bioética de la formación y el proceso de supervisión

Juan Mila, Cori Camps, Lola García
y Mariela Peceli

> *"No podemos escoger si somos de mármol o de arcilla, pero sí que podemos escoger la forma que damos a este mármol o a esta arcilla".*
> *Aristóteles: Moral a Nicómaco.*

Pensamos que es apropiado abordar, en este apartado, los aspectos bioéticos de la actividad de Formación del Rol del Psicomotricista a través del Trabajo Corporal Específico (FRPMTC), de lo que también puede llamarse formación por vía corporal o formación corporal y su proceso de supervisión.

1. Hacia la construcción de una bioética de la práctica psicomotriz

Es importante plantear la dimensión bioética y el compromiso bioético de la formación por vía corporal del psicomotricista, que de muchas maneras da cuenta la presente publicación, como también detenernos en la necesidad de analizar bajo la perspectiva bioética tanto las conductas y trabajo de los psicomotricistas formadores en FRPMTC como las de las personas en proceso de formación.

La bioética es definida por la *Encyclopaedia of Bioethics* como el *"estudio sistemático de la conducta humana en el ámbito de las ciencias de la vida y de la salud, analizada a la luz de los valores y principios morales"* (Reich, 1978).

Asimismo, uno de los sentidos que el *Diccionario de la Real Academia* le asigna a la palabra "campo" es "ámbito real o imaginario propio de una actividad o de un conocimiento".

Pensamos que es importante concebir la FRPMTC como el Campo de la FRPMTC. Es así que desde la bioética podemos establecer que existe una Bioética de la Formación, que implícitamente y a través del encuadre de trabajo, implica reconocer la existencia de una bioética de los formadores y una bioética de los estudiantes.

Como veremos más adelante, el respeto de las normas bioéticas aseguran y hacen posible el trabajo de formación, y es ineludible su cumplimiento tanto por los formadores como por los estudiantes que se están formando como psicomotricistas.

1.1. Deontología de las intervenciones psicomotrices. Principios morales

Anteriormente hemos escrito sobre la necesidad de la construcción de una Bioética de la Psicomotricidad, en la que es imprescindible un capítulo de normas establecidas por los psicomotricistas para regir sus modelos de conducta profesional. Esto sería una ética deontológica específica de la profesión en que rijan las reglas o las normas morales de:

- veracidad,
- confidencialidad,
- privacidad, y
- consentimiento informado (Mila, 2005).

Los principios morales de la bioética deberían estar implícitos en toda intervención psicomotriz (a nivel de prevención, educación, diagnóstica y terapéutica) en tanto intervención disciplinar y profesional, pero siempre es necesario explicitarlos para tenerlos presentes, para poder revisar nuestras acciones y para poder resolver adecuadamente las diferentes situaciones dilemáticas a las que nos podemos enfrentar en nuestras intervenciones psicomotrices.

En definitiva, los principios morales de la bioética forman parte del contrato de trabajo en psicomotricidad, forman parte del encuadre, por eso deben explicitarse y trabajarse, y deben ser tomados, en el caso de la formación por vía corporal, como deberes contractuales del psicomotricista formador y de las personas en proceso de formación (estudiantes-alumnos).

Son, entonces, a nuestro criterio, condiciones invariantes, *sine qua non*, de todo encuadre de trabajo de intervención psicomotriz.

Las normas morales de veracidad, confidencialidad, privacidad, y consentimiento informado, que, indudablemente, provienen del ámbito clínico, son aplicables a todos y cada uno de los encuadres de trabajo de las posibles intervenciones psicomotrices, en especial al encuadre del trabajo de formación de psicomotricistas a través del trabajo corporal, dado que son reglas morales deontológicas que se consolidan como obligaciones del profesional.

Pensamos que a las normas ya clásicas de la bioética, a las que nos referiremos más adelante, debe agregarse la norma de la **neutralidad**.

La neutralidad es un concepto de la técnica psicoanalítca, que pese a referirse a la función del psicoanalista en el ámbito terapéutico, consideramos lícito realizar su extrapolación al ámbito de la psicomotricidad, y señalarlo como un elemento importante a tener en cuenta en los encuadres de las intervenciones psicomotrices y en especial en la intervención a nivel de la FRPMTC que ahora nos ocupa.

La neutralidad, para Laplanche y Pontalis (1981), es:

"Una de las cualidades que definen la actitud del analista durante la cura. El analista debe ser neutral en cuanto a los valores religiosos, morales y sociales, es decir no dirigir la cura en función de un ideal cualquiera, y abstenerse de todo consejo; neutral con respecto a las manifestaciones transferenciales, lo que habitualmente se expresa por la fórmula «no entrar en el juego del paciente", por último, neutral en cuanto al discurso del analizado, es decir, no conceder a priori una importancia preferente, en virtud de prejuicios teóricos, a un determinado fragmento o a un determinado tipo de significaciones".

La neutralidad, concebida como que "se debe ser neutral en cuanto a los valores religiosos, morales y sociales", en cuanto a "abstenerse de todo consejo", en cuanto se debe ser "neutral con respecto a las manifestaciones transferenciales" de las personas con quienes trabajamos en el ámbito de la FRPMTC, es una concepción aplicable como norma bioética y absolutamente compatible con las normas bioéticas que deben regir la intervenciones de los formadores en FRPMTC, y de los psicomotricistas en cualquier intervención psicomotriz.

Entendemos que es también la actitud de neutralidad del psicomotricista formador ante las producciones de las personas en proceso de formación en FRPMTC, la que permite la emergencia de fenómenos transferenciales.

En cuanto a la norma de **veracidad**, podemos decir que es una norma deontológica, del orden del deber ser profesional, del ejercicio responsable de la profesión, y del respeto de los derechos fundamentales del otro. A su vez es la base del respeto al contrato de trabajo explícito acordado con las personas con las cuales llevamos adelante la formación, y constituye, por ende, la base de la confianza mutua; implica todas las dimensiones bioéticas posibles del campo de la FRPMTC (bioética de la formación, bioética de los formadores, bioética de los estudiantes).

La norma de **confidencialidad** es parte del secreto profesional, originado en la relación clínica, ya establecida en el Juramento Hipocrático:

"De aquello que vea u oiga en el ejercicio o aún fuera del ejercicio de su profesión, silenciar lo que jamás deba divulgarse, observando la discreción como un deber para semejantes casos".

La **confidencialidad** está claramente emparentada también con la norma de **privacidad**, con el ámbito de lo íntimo y lo personal.

La confidencialidad y el derecho a la privacidad son parte del contrato de trabajo construido en base al respeto, a la seguridad y a la confianza mutua entre los formadores y los psicomotricistas en proceso de formación.

En el caso de la formación por vía corporal, el respeto a las normas de confidencialidad y de privacidad constituye una responsabilidad de ambas partes, tanto de los formadores como de los psicomotricistas en proceso de formación.

Es obviamente una obligación para los psicomotricistas formadores, pero es también una obligación para las personas que se están formando como psicomotricistas.

El encuadre de trabajo debe explicitar claramente las normas de confidencialidad y privacidad, de ser necesario, debe reencuadrarse, recordándolo, explicitándolo, cuantas veces sea necesario.

La transgresión a la norma de confidencialidad y privacidad es un acto agresivo y de destrucción, contra el encuadre acordado, contra el proceso trabajo conjunto grupal, contra los formadores y contra las personas que se están formando.

Si la transgresión al encuadre de confidencialidad y privacidad la realiza el formador, los efectos pueden ser devastadores sobre las personas que se encuentran en proceso de formación, se estaría traicionando la confianza y la seguridad que se habrían generado en el trabajo compartido.

El sentimiento de traición, de falta a la veracidad (porque no se respetó la privacidad y confidencialidad acordadas) que pueden llegar a experimentar los integrantes del grupo puede ser irreparable, dado que muestran un claro ataque al encuadre de quien debe ser el principal responsable de sostenerlo.

Si la transgresión al encuadre de confidencialidad y privacidad lo realiza una persona en proceso de formación, por ejemplo, llevando hacia el afuera del grupo de trabajo, en forma recortada y fuera de contexto expresiones de los integrantes del grupo de trabajo, estaríamos ante una conducta de transgresión a las normas bioéticas explicitadas en el encuadre de trabajo.

Esta conducta configuraría un acto de agresión y ataque al encuadre de trabajo, al trabajo del formador y al trabajo de sus compañeros de formación.

Es importante para nosotros plantear que toda transgresión al encuadre de trabajo no tiene un significación unívoca e igual. Una transgresión al encuadre puede ser una llegada tarde a la sesión de trabajo en FRPMTC, o no reintegrarse a la sesión luego de un descanso.

La transgresión al encuadre puede ser analizada desde múltiples lecturas, pero el formador debe leerla como un síntoma, que denuncia aspectos de la historia de fenómenos transferenciales con el grupo de pares, con el formador, con el funcionamiento institucional.

Desde el lugar del formador en la FRPMTC, la transgresión al encuadre como síntoma debe leerse desde lo grupal, desde lo institucional y no desde lo individual; es justamente a ese nivel donde no intervendremos.

Quien transgrede violando la confidencialidad comete un acto de tal agresividad que denuncia que algo le está pasando, que por algo no puede respetar el límite de lo acordado, pero fundamentalmente muestra que no puede aceptar los límites morales del ejercicio de la práctica profesional específica.

No es en la formación, no es en la FRPMTC que la conflictiva de quien transgrede el encuadre de trabajo a tal nivel se resolverá.

Una vez que esta situación se da, es importante que el formador sea capaz de sostener el trabajo del grupo, y que vuelva a reencuadrar la formación, y es en la formación que se tendrá que trabajar sobre la transgresión y el ataque al encuadre, y no sobre la conflictiva, las motivaciones, o intereses de quien transgredió.

Nuevamente en estos casos es competencia del formador proponer y llevar adelante el trabajo sobre la transgresión al encuadre. Seguramente en la base de muchas de las transgresiones y ataques al encuadre a nivel de la FRPMTC se ponen en acto los fenómenos transferenciales (tributo de identificaciones primarias de las personas en proceso de formación) previsibles en toda situación de enseñanza-aprendizaje donde se desencadenan múltiples proyecciones sobre la institución y sobre las figuras de los formadores.

En cuanto a la norma bioética del **consentimiento informado**, imprescindible para conducir la conductas del personal de salud, a nivel de la clínica y de la investigación clínica, se sustenta en la libertad del paciente a ser debidamente informado sobre todos los alcances de los procedimientos terapéuticos que se le proponen. Supone el ejercicio del derecho de toda persona a decidir libre y autónomamente, pero también supone que toda persona, para decidir racionalmente sobre estas cuestiones, debe ser debida y responsablemente informada.

En un primer momento, y dado que la norma de consentimiento informado proviene y es aplicable al ámbito clínico, nos puede parecer forzada la referencia a la norma de consentimiento informado en el ámbito de la formación por vía corporal de los psicomotricistas, espacio que, bajo nuestras concepciones teóricas y bajo nuestros procederes prácticos, se encuentra en un encuadre de Formación de Psicomotricistas, y que jamás debe constituirse en un espacio terapéutico.

Pero no es una referencia forzada; expliquemos nuestro punto de vista.

Parte del respeto a los derechos del otro, que siempre debe estar presente en todos los niveles del desempeño profesional de los psicomotricistas, es informar en forma responsable y debida, los alcances que sobre el otro tendrá nuestra intervención. Brindar la información de cómo se trabajará, de cuáles son los objetivos del trabajo, y los efectos del mismo sobre las personas, permite que en forma libre y autónoma las personas decidan realizar la formación.

Es importante que, una vez realizado el contrato y bajo el encuadre del trabajo de FRPMTC, iniciado el trabajo grupal, que las personas en proceso de formación tengan bien en claro que ante todas las propuestas que realiza el formador, cada uno tiene la libertad y la autonomía de iniciarlas o no iniciarlas, de finalizarlas o interrumpirlas a sus tiempos y con su modo de hacer las cosas.

Recordemos que *"la formación corporal específica del psicomotricista es un proceso, en tanto implica un tiempo, un ritmo, una programación y una continuidad en el trabajo"* (Mila, 2002).

La autonomía y libertad individual frente a las propuestas del formador tienen como única y lógica limitación la de respetar, y no interferir en las producciones individuales y colectivas que se desarrollan en el trabajo grupal.

Para ejercer esta autonomía y libertad, la persona en proceso de formación debe saber cómo se desarrolla el trabajo, cómo se hacen y en qué consisten las propuestas, y debe consentir y aceptar el encuadre. En otras palabras, tendrá un consentimiento informado de qué consiste la formación en la que participa y en qué condiciones se llevará adelante.

La persona que se está formando y el grupo de formación, solo en un encuadre que asegure confianza y respeto pueden llegar a ser libres de producir a nivel sensoriomotor, de las sensaciones y de las representaciones.

En todos los niveles de intervención, nos sostiene y nos rescata el Encuadre Psicomotriz y la especificidad de la mirada psicomotriz (Mila, 2008a) que solo es posible en dicho encuadre de trabajo.

En la formación del rol del psicomotricista a través del trabajo corporal, la mirada psicomotriz se vuelve sobre el psicomotricista en formación, hablamos no solo de la mirada psicomotriz del formador, por el contrario, la que cobra singular importancia es la propia mirada del psicomotricista en formación sobre sí mismo y su proceso de formación.

La formación por vía corporal debe dirigirse a construir el rol del psicomotricista: debe dotarlo de herramientas para entender al otro en su expresividad tónico-emocional, en decodificar y dar sentido a las señales del cuerpo, del gesto y del hacer del otro (Mila, 2002).

Podemos decir que nuestro objetivo es que el psicomotricista conozca su cuerpo, que logre representarse su individual y singular forma de relacionarse con otros, de investir cognitiva y emocionalmente a los objetos, al espacio y al tiempo, que tome consciencia de su tono, de sus gestos, de su lenguaje (expresión psicomotora de Madame Soubiran; expresividad psicomotriz de Aucouturier) y nos parece importantísimo que contacte con los contenidos de su inconsciente (Mila y Peceli, 2006).

> "La formación personal es un proceso de descentración progresivo, que se construye como una dialéctica permanente entre lo que vivimos y lo que podemos elaborar de esas vivencias. Este proceso facilita que el alumno vaya haciendo conscientes determinados aspectos de su psiquismo, que podrían estar reprimidos, pero que se manifestaban en su forma de actuar, de sentir o de relacionarse" (Camps y García Olalla, 2004).

El formador, en la formación por vía corporal de otros psicomotricistas, bajo nuestro encuadre, bajo nuestra concepción, debe tener siempre presente que el encuadre de trabajo se da en un encuadre de formación, nunca bajo un encuadre terapéutico.

Decimos esto sabiendo que este es un punto de quiebre conceptual, teórico, metodológico y práctico con prácticas de formación de psicomotricistas que se realizan desde otras concepciones teóricas.

2. Proceso de supervisión

2.1. Definición

La supervisión es un espacio de formación y aprendizaje sujeto a un contrato de trabajo, en un encuadre claramente establecido y concertado, donde se debe construir un proceso de articulación entre la formación teórica, la formación por vía corporal específica y la práctica psicomotriz del psicomotricista supervisado.

La supervisión permitirá entonces (a través del análisis de su tarea y del intercambio de experiencias, información, investigaciones y bibliografía con su supervisor), que el psicomotricista supervisado adquiera una mejor comprensión de su práctica, que le posibilitará ampliar su formación y seguir construyendo su rol de psicomotricista (Mila, 2001).

El dispositivo de la supervisión nos aparece como aquello que puede facilitar el dar-se cuenta: "dar" en el sentido de ofrecer, mostrar algo al otro de uno mismo, y "se" como ese algo que vuelve luego sobre nosotros, pero transformado, modificado. Con la supervisión introducimos al otro, al tercero que nos permitirá esta transformación y una nueva mirada sobre el grupo en formación. La supervisión deviene así un espacio para la reflexión, entendida etimológicamente como acción y efecto de reflejarse, acción que deviene transformación porque supone un cambio de dirección en la mirada y por el efecto de un tercero que asegura el paso de la vivencia a la elaboración.

Suponemos que el dispositivo de la supervisión nos posibilitará:

- Vivir la formación personal con más tranquilidad y seguridad, con la confianza que da ser sostenido por un tercero.
- Asegurar el paso de la vivencia a la elaboración. La aseguración viene de la posibilidad de elaborar los puntos ciegos del trabajo, aquello que no comprendemos, que se nos escapa, que no podemos explicar.
- Comprender la dinámica y el momento en el que se encuentra el grupo en relación a los procesos que trabajamos.
- Formular nuevas propuestas de trabajo a partir de esta reflexión y renovada comprensión de las dinámicas personales y grupales.
- Articular puentes entre la formación teórica y práctica, a partir de lo que emerge en este análisis sobre la formación personal (Tomás, García y Camps, 2010: 112).

Por ejemplo, Mila se refiere a la misma como *"el momento de restituir lo observado"* y como un espacio de formación, *"tanto para el psicomotricista que lleva su material a supervisar como para el psicomotricista supervisor. Espacio en donde se pueden poner sobre la mesa los puntos ciegos de un trabajo terapéutico, de un trabajo educativo o del funcionamiento institucional, y donde a través de la reflexión sobre la tarea pueden abrirse espacios para la profundización teórica, la búsqueda bibliográfica y el pensar sobre lo que se hace"* (Mila, 2001: 77, cit. en Tomás, García y Camps, 2010: 113).

2.2. El proceso de supervisión

Pensamos que esta concepción de la supervisión continúa vigente, pero hoy ponemos más acento en concebir la supervisión como un proceso; preferimos entonces hablar del **proceso de supervisión**, en tanto que necesita un tiempo para transcurrir, con una regularidad, frecuencia y fases sucesivas, que aseguren poder ahondar en el trabajo. El proceso de supervisión asegura un desarrollo con etapas y descansos que permiten la reflexión profundizando saberes y conocimientos.

El proceso de supervisión, como espacio de formación, es un espacio dialéctico de aprendizaje donde quien asume el rol de supervisor y quien lleva su trabajo a supervisar, aprenden.

Quien supervisa, porque al organizar, preparar y pensar el material a supervisar, ya comienza su proceso de aprendizaje y de reflexión sobre su tarea. Cuando se encuentra en el espacio de supervisión, en ese tiempo y en ese espacio recibe la mirada y la devolución especializada sobre su trabajo. Y seguramente también habrá contactado con fenómenos transferenciales no pensados por él hasta ese momento.

A posteriori tiene elementos trabajados en la supervisión para seguir reflexionando sobre su tarea. Puede también contar con nuevas fuentes y referencias bibliográficas aportadas por su supervisor.

El supervisor aprende, profundizando su saber disciplinar, porque tiene la responsabilidad de tomar contacto crítico con una práctica y una forma de intervención psicomotriz que no es la propia, que es de alguien que decidió compartir con él un espacio de formación, que busca respeto, sostén y trabajo reflexivo sobre su tarea.

Desde que comenzamos a trabajar en la presente investigación, los equipos de formadores por vía corporal de nuestras universidades hemos establecido el procedimiento y dispositivo de la supervisión horizontal entre pares, previendo espacios donde hemos supervisado el trabajo de cada equipo. Esto es debido a que ambos equipos están constituidos por psicomotricistas con formación específica para intervenir como supervisores en esta tarea.

Todo proceso de supervisión necesita de un encuadre-contrato de trabajo, donde queden claramente establecidos aspectos en que se desarrollará la tarea entre el supervisor y el supervisado. Es imprescindible concertar y acordar cuestiones tales como el horario, la frecuencia, la duración, la forma de registro del material, la modalidad de la supervisión (individual o grupal), los honorarios del supervisor, el respeto por la tarea, la contención, la confidencialidad, y el soporte que habiliten a la formación del psicomotricista supervisado.

2.3. Los objetivos del proceso de supervisión

Podemos identificar y postular lo que nosotros pensamos que deben ser los objetivos en el proceso de supervisión en la Formación del Rol del Psicomotricista a través del Trabajo Corporal (FRPMTC):

- Profundizar la formación en psicomotricidad del psicomotricista formador y del psicomotricista observador participante, aportando elementos para la comprensión de la teoría y de la técnica de la intervención psicomotriz en la FRPMTC.
- Profundizar en la reflexión dialéctica entre la práctica psicomotriz en el espacio de la FRPMTC , la teoría psicomotriz y otras intervenciones psicomotrices a nivel de la práctica técnico-profesional (APS, Educación Psicomotriz, Diagnóstico y Tratamiento Psicomotriz a lo largo del Ciclo Vital).
- Profundizar en el conocimiento que cada psicomotricista formador tiene de su estilo personal de realizar la práctica o intervención psicomotriz, en la Formación de Psicomotricistas en el espacio de FRPMTC.
- Tomar contacto con aspectos transferenciales que se ponen en juego en cualquier proceso de enseñanza-aprendizaje, y también en la FRPMTC. Los fenómenos transferenciales se producen sobre el formador, sobre el observador participante, entre los psicomotricistas en formación y sobre la institución. Es muy importante también poder trabajar sobre aspectos del manejo de la contratransferencia de los formadores en las sesiones de FRPMTC.
- Profundizar en el conocimiento de dispositivos y estrategias didácticas y pedagógicas a nivel del proceso de enseñanza-aprendizaje individual y grupal en la FRPMTC.

Hemos sostenido que *"la supervisión clínica es también, a nuestro entender, un espacio imprescindible para el resguardo de la salud mental del psicomotricista, no porque este espacio de formación se convierta en un espacio terapéutico, sino por que el trabajo sobre la tarea permitirá que el psicomotricista recurra a su propio espacio terapéutico"* (Mila, 2004).

Esta concepción es totalmente aplicable a la concepción del proceso de supervisión en FRPMTC, porque quien supervisa su trabajo, en este caso el psicomotricista formador, y el observador participante, trabajan en una tarea en la que están atravesados por diferentes campos transferenciales (transferencias de los psicomotricistas en proceso de formación, transferencias institucionales, y su propia contratransferencia).

A partir de la experiencia de supervisión de las formadoras en el caso de la URV, en uno de los cursos académicos del Master, podemos afirmar que la supervisión de las sesiones permite también enlazar con el tiempo lógico. Tema importante en este tipo de trabajo, ya que algunos de los acontecimientos o de las intervenciones del formador, cobran a posteriori un sentido y significado que no había podido hacer consciente en el desarrollo de las mismas.

La dificultad para ser conscientes de todos los significantes que aparecen en las sesiones está vinculada al esfuerzo que hay que hacer para poder trabajar con una atención flotante que permita arriesgarse a que, si bien partiendo de un eje teórico coherente, que justifique las diferentes consignas y los diferentes procesos que se van dando a lo largo de las sesiones, esto no haga obstáculo a que al mismo tiempo se esté abierto a la siguiente consideración: que la respuesta que los alumnos puedan dar a una consigna preprogramada en modo alguno sea la esperada, sino que sea una respuesta individual, diferenciada, frente a la que hay que tomar una posición que permita seguir abriendo el campo de los significantes y, por tanto, sigan apareciendo elementos personales que están incidiendo en el modo de relacionarse consigo mismo, con el entorno y, en consecuencia, en su futura práctica profesional.

En nuestra experiencia esta reflexión a posteriori sobre las sesiones ha supuesto que se hayan podido retomar escenas que en aquél momento no habían tenido sentido y que, a partir de esta elaboración, hacen surgir nuevos planeamientos para la sesión posterior (Tomás, García y Camps, 2010).

A continuación vamos a citar un par de ejemplos de situaciones que se produjeron durante dicha experiencia de supervisión en la URV y que recogemos en una comunicación a un congreso (ver Tomás, García y Camps, 2010). Obviamente, vamos a centrarnos en los aspectos vinculados a las movilizaciones de las formadoras y no a aquello que también se ha movilizado en los alumnos, pero que, teniendo en cuenta que se trata de aspectos relacionados con su intimidad, no van a ser descritos aquí, aunque evidentemente han sido trabajados en la formación personal.

- Después de una de las sesiones, durante el proceso de supervisión, se hace ver a las formadoras que el hecho de que el grupo, en una situación o propuesta concreta, "no se deja ir", "no se suelta" (dificultad en los juegos de oposición, lucha, persecución...), puede estar vinculado a que "tampoco ellas se dejan ir", en esa situación, o a sus resistencias en relación a la oposición.
- En otra ocasión las formadoras llevaron a la supervisión un problema surgido en torno al tema de la lengua. Se trata de una situación conflictiva que generó un enfrentamiento en el grupo, que era lo que se llevaba como material de supervisión. Sólo en ese momento aparece un problema latente por parte de una de las formadoras, que **se da cuenta** de haberse posicionado a favor de uno de los grupos. A partir de este **dar-se cuenta**, puede vincular este episodio a aspectos de identificación con la persona que había generado el conflicto y a la proyección en el resto del grupo de estos mecanismos identificatorios,

enlazados con su propia historia y que tenían que ver con responder al deseo de otro concreto.

Como estamos viendo a través de estos ejemplos, se puede concluir la elaboración de la acción y el contenido de una sesión, pero no se puede concluir el tiempo del inconsciente, que sigue operando adentro y fuera de la sala.

La supervisión nos permitió que la repetición en las sesiones, tanto por parte del alumno como del profesional, no se limite a la puesta en acto del recordar, sino que posibilite una elaboración, y en este sentido un cambio, una transformación.

CAPÍTULO 11

La formación corporal en psicomotricidad y el desarrollo de competencias y actitudes transversales en la formación del alumnado universitario

Cori Camps, Lola García, Juan Mila y Mariela Peceli

A partir de las estrategias y contenidos que trabajamos en la formación personal del psicomotricista y que hemos descrito a lo largo del texto, en este último capítulo vamos a hacer una breve referencia a la vinculación entre dicha formación y el desarrollo de valores y actitudes transversales en los alumnos universitarios, especialmente en aquellas profesiones que van a tener que trabajar con personas (psicólogos, pedagogos, maestros, etc.) (ver Camps y García Olalla, 2004b).

Tal como hemos visto, la formación personal parte de la persona y tiende a su cambio y transformación. En ella los alumnos reciben una formación que les permite desarrollar competencias para su futura práctica profesional como psicomotricistas. Una parte importante de esta formación se dedica al desarrollo de actitudes y valores personales que implican a su integridad como personas y deben conducir a una conducta profesional ética. Pero además, tal como muestran las verbalizaciones de los propios alumnos, vemos cómo esta formación produce una transformación en las personas, que transciende sus competencias como futuros psicomotricistas y alcanzan a su ser personal, social o profesional, articulándose un cambio transversal. Los alumnos amplían su conciencia, su escucha y su disponibilidad a la hora de trabajar en otros ámbitos educativos o terapéuticos.

Creemos que precisamente estos aspectos actitudinales de la formación en psicomotricidad pueden ayudar a desarrollar las competencias interpersonales o las competencias participativas (saber estar) y personales (saber ser), y facilitar la comunicación y la escucha del otro, en otros ámbitos más allá del propio de la psicomotricidad.

Seguramente, uno de los déficits de la formación universitaria actual es la falta de formación en valores y actitudes. La Universidad debería replantarse como un espacio de formación de la personalidad de los alumnos, no sólo de aprendizaje de contenidos. Cada vez más universidades están preocupadas por incluir en su enseñanza la formación en ética profesional, actitudes y valores, dentro de una concepción integral del alumnado, para que éstos puedan actuar como un agente de cambio en su comunidad.

La entrada en el Espacio Europeo de Educación Superior (EEES) reclama una formación, no sólo en competencias y habilidades, sino también una formación integral del alumno que incluya las actitudes, los valores y la ética profesional. Aspectos como la habilidad para trabajar en equipo, para tomar decisiones, para asumir riesgos, para tomar iniciativas, el sentido de la responsabilidad, etc., son competencias cada vez más valoradas también por el mercado del trabajo. Es necesario formar profesionales con un código ético y deontológico, pero también ciudadanos responsables, críticos y comprometidos socialmente (Camps, 2009).

Tal como afirman Elexpuru y Bolívar (2004 a y b), uno de los objetivos principales de la Educación Universitaria es formar personas y profesionales. La profesionalidad incluye, además de competencias teóricas y prácticas, una integridad personal y una conducta profesional ética. Diferentes autores (Tey y Martínez, 2003; Tey, Torguet y Sancho, 2004; Martínez, 2004) plantean la educación en valores como uno de los retos que actualmente se está mostrando como preferente en el mundo educativo. La universidad debe favorecer la formación integral de la persona, formando profesionales competentes y ciudadanos comprometidos.

Tal como afirma Martínez (2004), nuestro mundo requiere una ciudadanía responsable con capacidad para comprender críticamente, razonar éticamente, sentir moralmente, elaborar criterios personales de forma autónoma y actuar de acuerdo a éstos en el marco de un modelo de aprendizaje ético, que contribuya a la transformación de nuestro entorno para conseguir el nivel más grande de felicidad, equidad y libertad para todos.

Una educación que promueva el conocimiento del otro, su aceptación, su tolerancia activa y el respecto, y la implicación en proyectos colectivos en el marco de una propuesta de educación intercultural. Todo modelo de educación que pretenda ser válido en nuestra sociedad de la información y la diversidad, debe integrar contenidos de aprendizaje ético en los procesos de formación de la persona si pretende que ésta sea realmente una formación integral. El aprendizaje ético puede permitir aprender y construir nuestra propia identidad desde una clara apertura hacia los otros. Desde esta actitud será más sencillo tanto la autocrítica como la incorporación de lo que de valioso tienen los otros.

Así, el proyecto Tuning (2003) habla de competencias interpersonales que define como

"capacidades individuales relativas a la capacidad de expresar los propios sentimientos, habilidades críticas o de autocrítica. Destrezas sociales relacionadas con las habilidades interpersonales, la capacidad de trabajar en equipo o la expresión del compromiso social o ético. Estas competencias tienden a facilitar los procesos de interacción social y cooperación" (p. 82).

Por otra parte, el informe Delors define la competencia participativa (saber estar) y la competencia personal (saber ser). La competencia participativa se refiere a *"estar predispuesto al entendimiento interpersonal, dispuesto a la comunicación y cooperación con los demás y demostrar un comportamiento orientado hacia el grupo"*. Por su parte, la competencia personal se define como *"tener una imagen realista de sí mismo, asumir responsabilidades, tomar decisiones y relativizar posibles frustraciones"*.

En la formación personal en psicomotricidad, tal como hemos visto, trabajamos distintos valores, a través de la formación del sistema de actitudes del psicomotricista. Así, todo el proceso de autoconocimiento, reconocimiento de la propia expresividad, hacer conscientes aspectos del propio psiquismo o mayor control de las resonacias afectivas, remiten, por un lado, a las competencias señaladas en el proyecto Tuning, como son la capacidad para expresar los propios sentimientos, las habilidades críticas o de autocrítica; y, por otro lado, las competencias personales (saber ser) del informe Delors, en especial, tener una imagen realista de sí mismo y relativizar las posibles frustraciones.

Por otra parte, la comprensión de los mecanismos transferenciales para no proyectar los propios deseos o el desarrollo de actitudes como seguridad, ley, contención, espera, disponibilidad para la escucha y aceptación del otro, remiten a las habilidades interpersonales o a la capacidad de trabajar en equipo señaladas en el proyecto Tuning, y también a las competencias participativas (saber estar) del informe Delors, en especial, el estar dispuesto a la comunicación y cooperación con los demás y predispuesto al entendimiento personal.

Y, en definitiva, todo el proceso de formación personal lleva al alumno a la expresión de un compromiso social y ético, no sólo en relación con la profesión de psicomotricista, sino en otros aspectos de su vida y sus relaciones.

Creemos que una formación en valores y actitudes y en la ética profesional, es muy importante para la formación de los estudiantes, especialmente para aquellos que van a trabajar en profesiones que afectarán directamente a personas, como es el caso de los maestros, pedagogos, psicólogos, psicopedagogos y educadores sociales. En todas estas profesiones será fundamental dar una formación que permita el desarrollo de valores para convivir en sociedad y para el desarrollo integral de la persona, dar una formación que permita una escucha desde el respeto, la disponibilidad, la tolerancia, la empatía o la posibilidad de ofrecer una ley no represora que dé seguridad y contenga al niño, actitudes todas ellas que serán fundamentales para su ejercicio profesional.

Por otra parte, estas actitudes no pueden desarrollarse sin una escucha previa de uno mismo y la capacidad de tomar conciencia de los propios sentimientos, deseos o frustraciones. Todo esto favorecerá la escucha y el ajuste al otro y permitirá que el alumno en el futuro manifieste una conducta profesional ética y pueda ayudar al otro en su crecimiento como persona.

¿Cómo podemos trabajar esta formación en valores y actitudes a partir de la metodología y contenidos trabajados en la formación personal en psicomotricidad? Creemos que algunos de los contenidos o técnicas utilizados nos pueden servir para desarrollar estrategias que permitan trabajar las actitudes de escucha y empatía en nuestros alumnos, conjuntamente con otras estrategias o metodologías. Así, por ejemplo, el trabajo a partir del cuerpo y de la dinámica de grupo, en situaciones como conducir, o acompañar; el trabajo sobre la escucha del propio cuerpo (sensaciones, variaciones del tono...), a partir de situaciones de relajación, tensión, variaciones tónicas, comunicación no verbal con los otros; y, finalmente, poner palabras, dibujar o escribir sobre las situaciones vividas para favorecer su representación.

Tal como hemos visto a lo largo del texto, la formación personal en psicomotricidad es un proceso de formación que posibilita el cambio en las personas, manifestándose en una capacidad de ser más sensibles y más abiertos a la comprensión del otro y de uno mismo. Esta transformación que se da en los alumnos, afecta a las diferentes dimensiones e identidades del sujeto: una identidad recuperada desde la propia infancia, la identidad corporal y psíquica, la identidad relacional o la identidad como profesional.

Las personas al final de la formación resultan, en alguna medida, transformadas, y este cambio trasciende sus competencias como futuros psicomotricistas, alcanzan a su ser personal, social, profesional... Se articula un cambio "transversal" que afecta a su ser como sujetos en todos los ámbitos de su vida.

CONCLUSIÓN

El final del proceso: de lo sensoriomotor a la transformación psíquica… Hablan los estudiantes

Aquí termina nuestro trabajo sobre la formación del rol de psicomotricista. Creemos que la mejor forma de cerrar este recorrido es dando la palabra a nuestros estudiantes. Hemos seleccionado dos textos. No ha sido una tarea fácil, puesto que todos ellos han escrito pasajes realmente bellos, entrañables y significativos en relación a su proceso de formación. Pero es imposible dedicar aquí un mayor espacio a sus producciones.

El primer texto es individual. Es de una alumna de la promoción 2008-2010: Mila Santolaria. Es la elaboración que presentó en su memoria, sobre la importancia de la formación personal del psicomotricista. Es un texto bello y valiente, que refleja un recorrido personal hecho a partir de su formación, en el que unos podrán verse reflejados y otros reconocerse en la diferencia. Te damos las gracias, Mila, por dejarnos compartir tus emociones, pensamientos, reflexiones… con nosotros y nuestros lectores.

El segundo texto es colectivo. Es un texto que elaboraron, como carta de despedida, al final del segundo año de formación, los estudiantes de la promoción del Master 2005-2007, y que nos regalaron a las formadoras. El lector entenderá nuestra emoción al leerlo. Habla de sensaciones, emociones, pensamientos, vivencias, recuerdos…, de un camino que se inició con la formación personal y que cada uno continuará, ahora ya sin el grupo. Gracias también a todos ellos.

Damos las gracias a nuestros estudiantes por el aprendizaje y crecimiento personal que nos han aportado a lo largo de todos estos años. Sin ellos la riqueza del recorrido que nos ha llevado hasta la escritura de este libro, no habría sido posible.

También queremos expresar la alegría que sentimos cuando compañeros psicomotricistas, que fueron nuestros alumnos, se acercan a los dos grupos de investigación y docencia de nuestras universidades a fin de comenzar su formación como formadores en el trabajo corporal específico del psicomotricista.

NECESIDAD DE LA FORMACIÓN PERSONAL PARA EJERCER COMO PSICOMOTRICISTA

LA FORMACIÓN PERSONAL ES EL PUENTE QUE NOS FACILITA EL TRASPASO DE LO QUE VIVIMOS A LO QUE VIVENCIAMOS.

*La Formación Personal nos brinda la posibilidad de Ser los protagonistas principales de la **Historia de Nuestra Vida.***

Si somos capaces de encontrar nuestra autenticidad, podremos descubrir y destapar a los Fantasmas que ocupan, en muchas ocasiones, el papel principal en muchos actos y escenas importantes en nuestra vida.

Fantasmas que nos acompañan desde la infancia.

Que algunos se instalaron porque les proporcionamos el ticket de entrada, pero que otros se colaron… sin saber por dónde, ni por qué.

La Formación Personal puede atraparlos, descubrirlos, interrogarlos, y si profundizamos, Transformarlos…

Por qué sé disfrazan… A quién obedecen… A quién esconden… Por qué nos asustan… A quién protegen… Qué pretenden…

La Formación Personal actúa como "catalizador". De esta manera podemos re-descubrir nuestros deseos, dialogar con nuestras frustraciones, y encontrar el mapa que recorre nuestra Unidad Corporal. El mapa que alberga el anhelo del Alma.

¿QUIÉN PIERDE ESTA INVITACIÓN DE VIVIR CARA A CARA, DE SENTIR PIEL A PIEL, EL CONTACTO CON UNO MISMO?

Es una oportunidad de observar nuestra dinámica personal, de tomar conciencia, de EXISTIR a través de las vivencias experimentadas con El Grupo.

La Formación Personal permite mediante El Grupo, conocer al Otro, pero lo mágico es… que ese OTRO, ES UNO MISMO.

Sí, es mágico…, pero no por ello quiere decir que no sea en algunas ocasiones doloroso.

La persona se moviliza. Y puede movilizarse profundamente.

La Formación Personal te conduce mediante el cuerpo, a vivir experiencias corporales que, sobre todo, hacen referencia a nuestra primera infancia. "Aquellas que estaban olvidadas", "aquellas que parecían estar ocultas", "aquellas que estaban atrapadas", "aquellas que estaban escondidas"…

¿ENTONCES, POR QUÉ RESULTA MÁGICO ESTE RE-ENCUENTRO SI PUEDE SER DOLOROSO?

Porque el entorno es seguro.

Porque la mirada de quien te conduce, te acompaña.

Porque no te pierdes.

Porque los focos que te alumbran…, no te deslumbran…

Porque estás contenida.

Porque se empatiza. Porque se respeta. Porque te miran. Porque te escu-chan. Porque te aceptan.

Porque no importa quién eres, sino qué sientes…

No se puede prever qué aspectos de nuestra Identidad construida que-darán derrumbados, pero el Ser Terapeuta es un viaje, y como tal, se ha de hacer el equipaje.

No hay mayor garantía que la recompensa recibida en la propia trans-formación.

El mediador principal para aprender a sentir, y por consecuencia trans-formar, será el Conocimiento de nuestro Cuerpo. El Cuerpo Real, nuestra Imagen Inconsciente, nuestro Esquema Corporal, nuestra Conciencia Cor-poral, en definitiva…

Aprender a Representarnos en él.

Saber reconocer nuestro tono como mediador de relación, para poder encontrar al Otro, para poder encontrarse UNO, para poder evolucionar hacia el camino que cada uno considere, y sobre todo, porque es indispen-sable e ineludible, para poder ponerte al lado de la persona que te pide que le acompañes.

"Conócete a ti mismo", nos dijo Sócrates.

Si queremos acompañar al niño, debemos conocernos profundamente a nosotros mismos. Para poder contenerle, para poder escucharle, para poder cuidarle.

Para no proyectar en él. Para que nuestros fantasmas no se cuelen tam-bién en sus vidas. Para no simbiotizarnos. Para saber descentrarnos.

La Formación Personal no es un lugar de transacción. No se realizan cambios con los Otros ("mi coraje por tu alegría, mi simpatía por tu escucha, mi frustración por tu empatía…"), sino que es a través de los Otros, que nuestra Totalidad Corporal se modifica.

La Formación Personal es un viaje sin prisas, pero no por ello debemos ir lentos.

Si hay heridas, y no las encontramos, nos devorarán por dentro. Tenemos que correr más de lo que corren los niños, para poder estar en su mundo, pero sin encerrarnos con ellos.

Y en este instante me quedo, el Amor de esta disciplina me ha encontrado y me lleva a casa, al lugar donde Yo, soy muy esperada.

Es extraño cómo todo tiene sentido ahora que acaba.

Ahora comienza verdaderamente mi Historia, y la música me acom-paña.

Dar las Gracias a Cori, a Inés y a Lola, no es lo más adecuado para demostrar mis sentimientos hacia ellas.

Me habéis permitido compartir vuestro coraje y Amor, en un mundo en el que YO orgullosamente he vivenciado, y por consecuencia,

ME HE TRANSFORMADO,

Hasta siempre

Mila Santolaria Mairal,
agosto de 2010.

Podríamos decir que fue el destino quien nos unió. Pero todos llegamos aquí con un deseo de saber, quizás también con una necesidad no confesada de crecer. Aquí coincidimos cada uno con su historia, sus circunstancias y su momento.

Hemos aprendido a mirar un niño y entender más allá de lo que manifiesta. Hemos aprendido a tenderle una mano abierta, incondicional, cálida y fuerte bajo una mirada sincera.

Descubrimos pronto que no basta con saber y conocer. Para convertirnos en ese "gran otro" capaz de ayudar debíamos ser capaces de mirarnos hacia adentro y entendernos y aceptarnos y avanzar personalmente. Para ayudar es necesario saber ayudarse y aceptar ser ayudado. Para dar hay que tener.

La sala se convierte en ese espacio donde uno mira, se mira y es mirado; donde uno habla, se habla y es hablado. Y podemos mirarnos y agradecernos unos a otros la valentía, la implicación, el compromiso, el afecto y la contención.

Pero aquí el "gran otro" han sido las coordinadoras, con nombre propio, con compromiso, implicación y afecto; con una presencia exquisitamente respetuosa, firme y constante.

Cori nos guió por los laberintos psicosomáticos, concienciando el tono, anclando el cuerpo a la tierra en cada relajación. También aprendimos a comprender, aprender, revivir y sufrir el diálogo tónico, algo tan inmediato como olvidado en nuestros cuerpos adultos.

Inés se convierte en la cara amable e inteligible del psicoanálisis para hacernos llegar revelaciones sobre nosotros mismos, poniendo palabras y aportando luz allí donde solo había un revoltijo de deseos, instintos y pulsiones, emociones y miedos, rebozados de defensas.

Lola dibuja en el aire, con sus palabras, viñetas que nos permiten viajar por la constelación familiar visualizando la nebulosa afectiva en la que crece el bebé.

Somos un grupo unido por un hilo invisible, fuerte y elástico. Una verdadera red de vínculos, afectos... de "movidas transferenciales", que nos sostiene y recuerda que no estamos solos y que la magia de la comunicación es posible.

Hermoso, intenso y duro el viaje que hemos realizado juntas, tanto como necesario y verdadero. Sí, verdadero; la verdad es provisional y mutable, pero existe; y una vez descubierto el inicio de un camino verdadero que tiene algo que ver con lo que deseabas o buscabas, ya no se puede retroceder. La psicomotricidad será desde ahora nuestro propio síntoma, nuestra desazón y satisfacción, en un camino de formación interminable.

Nos da la sensación de que esto no se va a acabar aquí, que estamos a punto de cruzar una puerta en solitario pero con muchas manos acompañándonos en cada paso.

Quizás por eso, y con la tristeza justa, inevitable, mejor que un adiós podemos decir un:

HASTA SIEMPRE, QUERIDAS COMPAÑERAS.

Si mis manos pudieran hablar, dirían lo fuerte que se enlazaron a este Grupo.
Si escuchara a mi cuerpo, oiría las risas que emergen de mi piel.
Si mi inconsciente fuera consciente, hoy, después de este largo camino, tendría palabras para descifrar tantos misterios...

Master en Terapia Psicomotriz,
Universidad Rovira i Virgili, junio de 2007.

Bibliografía

Ajuriaguerra, J. (1993). "Ontogénesis de la postura. Yo y el Otro". *Psicomotricidad. Revista de estudios y experiencias*, nº 45, pp. 19-20. Madrid: CITAP.

—— (1977). *Manual de psiquiatría infantil*. Barcelona: Toray- Masson.

Alexander, G. (1979). *La eutonía: Un camino hacia la experiencia total del cuerpo*. Buenos Aires, Paidós.

Alsina, J. (coord.) (2011). *Evaluación por competencias en la universidad: las competencias transversales*. Barcelona: Octaedro.

Álvarez, I. (2008). "Evaluación del aprendizaje en la universidad: una mirada retrospectiva y prospectiva desde la divulgación científica". *Revista Electrónica de Investigación Psicoeducativa*, nº 14, vol. 6 (1), pp. 235-272.

Arendt, H. (2005). *Responsabilité et jugement*. Paris: Payot et Rivages.

Aristóteles (1987). *Moral a Nicómaco* (10ª ed.). Madrid: Austral.

Arnaiz, P., Rabadan, M. y Vives, I. (2001). *La psicomotricidad en la Escuela. Una práctica preventiva Educativa*. Málaga: Ediciones Aljibe.

Aucouturier, B.; Darrault, I. y Empinet, J.L. (1985). *La práctica psicomotriz. Reeducación y Terapia*. Barcelona: Científico-Médica.

Aucouturier, B. (2004). *Los fantasmas de acción y la práctica psicomotriz*. Barcelona: Graó.

—— (2002). "Análisis y clínica de los trastornos de aprendizaje y la ayuda psicomotriz". Conferencia impartida en el Departamento de Psicología (Postgrado "Intervención psicomotriz en clínica y aprendizaje). Universidad Rovira i Virgili. Tarragona, Mayo (no publicada).

—— (1997a). "La acción como transformación". *Actas XIV Seminario de Práctica Psicomotriz*. Barcelona: Escuela Municipal de Expresión y Psicomotricidad.

—— (1997b). "Teorización hecha en el marco del curso de formación personal". Escuela de Expresión y Psicomotricidad. Agosto, Barcelona.

—— (1995). "La ayuda psicomotriz en la educación especial". En: *Actas XII Jornadas de Práctica Psicomotriz: La ayuda psicomotriz*. Barcelona: Escuela Municipal de Expresión y Psicomotricidad.

Aulagnier, P. (1988). *La violencia de la interpretación*. Buenos Aires: Amorrortu.

Beauvais, M. (2011). *La evaluación: una cuestión de responsabilidad*. Conferencia III Congreso Internacional Univest. La autogestión del aprendizaje. Gerona.

Bernard, M. (1980). *El cuerpo*. Buenos Aires: Paidós.

Berges, J. (1993). *Tratado de psiquiatría del niño y el adolescente*. Barcelona: Biblioteca Nueva.

Biggs, J. (2006). *Calidad del aprendizaje universitario*. Madrid: Narcea.

Bizot, A. y Millot, C. (1992). "El lenguaje en cierne, maternidad, interacciones precoces". En: Golse, B. y Bursztejn, C., *Pensar, hablar, representar. El emerger del lenguaje*. Barcelona: Masson.

Boscaini, F. (2002). "Nuevas necesidades y nuevas respuestas. El rol de la Psicomotricidad". En Llorca Linares, M., *La práctica psicomotriz. Una propuesta educativa mediante el cuerpo y el movimiento.* Málaga: Aljibe.

Bottini, P. (2008). Juego corporal y Aprendizajes Enactivos. La práctica psicomotriz en el proceso de formación y capacitación. *Paper inédito.*

—— (2006). "Juego corporal y función tónica. Práctica psicomotriz e intervención eficaz". *Revista Iberoamericana de Psicomotricidad y Técnicas Corporales,* Nº 25. Vol. 7 (1), pp. 111-116. (www.iberopsicomotricidad.com)

—— (2000). *Psicomotricidad: prácticas y conceptos.* Madrid: Miño y Dávila editores.

Bottini, P. y Sassano, S. (2000). "Apuntes para una Historia de la Psicomotricidad". En Bottini, P. (Comp.), *Psicomotricidad: Prácticas y conceptos.* Madrid: Miño y Dávila editores.

Cady, S. (2009). *Psicomsomática y Psicomotricidad.* España: CIE-Dossat.

Camps Llauradó, C. (2008). "La observación de la intervención del psicomotricista: actitudes y manifestaciones de la transferencia". *Revista Interuniversitaria de Formación del Profesorado. "Formando Psicomotricistas",* Nº 62 (22,2), pp. 123-154.

—— (2005). "La observación de la intervención del psicomotricista: actitudes y manifestaciones de la transferencia". *Revista Iberoamericana de Psicomotricidad y Técnicas Corporales,* nº 19, pp. 27-52.

—— (2002). "El esquema corporal". En: *La Práctica Psicomotriz: una propuesta educativa mediante el cuerpo y el movimiento* (pp. 355-398). Málaga: Aljibe.

Camps, C. y otros (Coord.) (2009). *Educació en valors, actituds personals i ètica professional en el marc de l'espai europeu d'educació superior.* Tarragona: Publicacions URV.

Camps, C. y Tomás, I. (2003). "Manifestaciones de la transferencia en la intervención psicomotriz". En: *Actas II Congreso Estatal de Psicomotricidad* (pp. 91-101). Madrid: Indivisa.

Camps, C. y García Olalla, L. (2004a). "La formación personal del psicomotricista como proceso de cambio y transformación". *Entre Líneas,* nº 16, pp. 7-20.

Camps, C. y García Olalla, L. (2004b). "La formación personal en psicomotricidad como facilitadora del desarrollo de competencias y actitudes transversales en la formación del alumnado universitario". *CD 3er Congreso Internacional de Docencia Universitaria e Innovación (CIDUI).* Universitat de Girona.

Camels, D. (1997). "Cuerpo y saber". En: *Capítulos de psicomotricidad.* Buenos Aires: D&B.

Cerenini, G. (1993). "Formación permanente o especialización en la práctica psicomotriz". *Actas Congreso Expresión, Comunicación y Psicomotricidad* (pp. 53-58). Barcelona: Ayuntamiento Barcelona.

Contant, M. y Calza, A. (1991). *La unidad psicosomática en psicomotricidad.* Barcelona: Masson.

Cirlot, J. E. (2006). *Diccionario de símbolos.* Madrid: Siruela.

Diatkine, R. (1981). *Problemas de la interpretación en psicoanálisis de niños.* Barcelona: Gedisa.

Diccionario de la Lengua Española (2001. Vigésima segunda Edición). Real Academia Española (p. 2066).

Dondo, G. (2010). *Aportes del psicoanálisis a la educación.* Montevideo: Psicolibros.

Dolto, F. (1986). *La imagen inconsciente del cuerpo.* Barcelona: Paidós.

Douglas, M. (1973). *Pureza y peligro. Un análisis de los conceptos de contaminación y tabú.* Madrid: Siglo XXI.

Elexpuru, I. y Bolívar, A. (2004a). "Presentación: el desarrollo de los valores en la universidad, experiencias y perspectivas" (pp. 157-160). En: *III Symposium Iberoamericano de Docencia Universitaria.* Bilbao: Mensajero.

Elexpuru, I. y Bolívar, A. (2004b). "Conclusiones: el desarrollo de valores en la Universidad. Experiencias y perspectivas" (pp. 215-220). En: *III Symposium Ibero-americano de Docencia Universitaria*. Bilbao: Mensajero.

Fostel, N. (2010). "La Formación del Formador. Reflexiones sobre los Talleres de Construcción del Rol del Psicomotricista a través del trabajo corporal específico". Paysandú, 2010. Trabajo-Memoria. Licenciatura de Psicomotricidad. EUTM Facultad de Medicina. UdelaR. Inédito.

Freud, S. (1992). *Obras Completas*. Buenos Aires: Amorrortu.

—— "Estudios sobre la histeria" (1985). Vol. 2.

—— "La interpretación de los sueños" (1900). Vol. 4.

—— "Sicopatología de la vida cotidiana" (1901). Vol. 6.

—— "El creador literario y el fantaseo" (1908). Vol. 9.

—— "Sobre la dinámica de la transferencia" (1912). Vol. 12.

—— "Consejos al médico sobre el tratamiento psicoanalítico" (1912). Vol. 12.

—— "Sobre la iniciación del tratamiento" (1913). Vol. 12.

—— "Recordar, repetir y reelaborar" (1914). Vol. 12.

—— "Lo inconsciente" (1915). Vol. 14.

—— "Construcciones en el análisis" (1937). Vol. 23.

Frimodt, L. E. (2006). *Le corps, le soi er l'entourage. Une méthode de mouvement psychomoteur comme chemin d'une meilleure conscience corporelle, d'une expérience personelle et d'une connaisance de ses compétences relarionnelles*. Paris: Université d'été.

García Olalla, L. (2000). "La observación psicomotriz: transformar la experiencia compartida en comprensión". *Entrelíneas*, 7, pp. 10-14.

García Olalla, L. y Camps, M. (2005). "La formación del psicomotricista como desarrollo personal y profesional". *Comunicación presentada en las IV Jornadas de desarrollo humano y educación*. Almería.

García Ferrés, B. (2000). *El cuerpo. El cuerpo real, el esquema corporal e imagen corporal. Cuerpo y representación. Espacio de reflexión en terapia psicomotriz*. Montevideo: Psicolibros.

García Reinoso (1981). "El discurso familiar como escritura transindividual en el análisis de niños". En: Diatkine y otros, *Problemas de la Interpretación en Psicoanálisis de niños*. Barcelona: Gedisa.

Gauberti, M. (1993). *Mère- enfant: à corps et à vie*. Paris: Masson.

Geertz, C. (1990). *La interpretación de las culturas*. Barcelona: Gedisa.

Klein, M. (1930). *La importancia de la formación de símbolos en el desarrollo del Yo*. Buenos Aires: Paidós.

Lacan, J. (1971). *Ou pire... El Seminario*, libro 19. Inédito. Clase nº 1.

Lacan, J. (2001). *El estadio del espejo como formador de la función del yo (je) tal como se nos revela en la experiencia psicoanalítica. Escritos 1* (pp. 86-94). Buenos Aires: Siglo XXI.

Lagache, D. (1961). "El psicoanálisis y la estructura de la personalidad". *Rev. "La Psychanalyse"*, Nº 6. P.U.F. (Conferencia dictada en 1958).

Lapierre, A. (1997). *Psicoanálisis y análisis corporal de la relación*. Bilbao: Desclée De Brouwer.

Laplanche, J. (1983-1994). *Diccionario de psicoanálisis*. Barcelona: Labor-Paidós.

Leach, E. (1978). *Cultura y comunicación. La lógica de la conexión de los símbolos*. Madrid: Siglo XXI.

Llorca, M. y Sánchez, J. (2003). *Psicomotricidad y necesidades educativas especiales*. Málaga: Aljibe.

Martínez, M. (2004). "Educar en l'ètica personal i els valors". Ponència presentada a la Jornada: "Educar en un món global". Celebrada a Cervera 2003, organitzada pel Consell Escolar de Catalunya (pp. 43-51).

Marucco, N. (2007). *Entre el recuerdo y el destino*. Buenos Aires: Actas Congreso Internacional de Psicoanálisis.

Merleau-Ponty, M. (1994). *Fenomenología de la percepción*. Barcelona: Península.

Mila, J. (2008a). *De profesión psicomotricista*. Buenos Aires: Miño y Dávila editores.

—— (2008b). "Le rôle de la supervision clinique en psychomotricité". *Évolutions Psychomotrices*,Vol. 20, n°82, Dossier - 7° écrits psychomoteurs. Paris, Francia.

Mila, J. (2008c). "La construcción del rol del psicomotricista a través del trabajo corporal específico". En: Mila, J., *De profesión psicomotricista*. Buenos Aires: Miño y Dávila editores.

Mila, J. (2007). "La supervisión clínica en Psicomotricidad - La construcción del Psicomotricista". Trabajo presentado en el 10° Congreso Brasileiro de Psicomotricidade: "Interfaces da Psicomotricidade". Septiembre, Fortaleza - Ceará.

—— (2005). "La interdisciplina y los contenidos de la formación del psicomotricista". *Revista Iberoamericana de Psicomotricidad y Técnicas Corporales*, n° 19, pp. 8-18.

—— (2002). "La construcción del cuerpo del psicomotricista". En: Llorca, M. (coord.), *La Práctica Psicomotriz: una propuesta educativa mediante el cuerpo y el movimiento* (pp. 181-194). Málaga: Aljibe.

—— (2001). "La Supervisión Clínica y la Supervisión Institucional, ineludibles instancias de Formación de Postgrado o Formación Permanente". *Psicomotricidad, Revista Iberoamericana de Psicomotricidad y Técnicas Corporales*, N° 4, España.

—— (2000a). "La formation universitaire des psychomotriciens en Uruguay: Se former en équipe pluridisciplinaire. Evolutions psychomotrices (Evol. psychomot.)", *Psychomotricité à l'aube du 3ème millénaire*, No. 50, dissem, pp. 214-217.

—— (2000b). "Formarse en interdisciplina". En: Bottini, P. (Comp.), *Psicomotricidad: prácticas y conceptos*. Madrid: Miño y Dávila editores.

Mila, J.; Cherro, M.; De León, C.; García, B.; y Peceli, M. (2000). "La construcción del rol del psicomotricista a través del trabajo corporal". *Revista Iberoamericana de psicomotricidad y técnicas corporales*, n° 0, pp. 65-74 (www.iberopsicomotricidad.com)

Mila, J. y Peceli, M. (2007). "El perfume y el sabor del chocolate. El valor de lo sensorial en la estructuración tónico-emocional. Formación del rol del psicomotricista a través del trabajo corporal". *Revista Iberoamericana de Psicomotricidad y Técnicas Corporales*, n° 25, Vol. 7 (1), pp. 83-96.

Monereo, C. (2009). *La evaluación auténtica de competencias. Competencias básicas*. Conferencia IV Congreso Regional de Educación de Cantabria.

Nasio, J.D. (1987). *El inconsciente, la transferencia y la interpretación del psicoanalista: Un punto de vista lacaniano*. Barcelona: Serbal. Apertura Cuadernos de Psicoanálisis, n° 2.

Papagna, S. (2000). "Un dispositivo posible para la formación continúa del Psicomotricista". En Bottini, P. (Comp.), *Psicomotricidad: Prácticas y conceptos*. Madrid: Miño y Dávila editores.

Parrinha, M. (1993). "Formación de formadores: una reflexión sobre la especificidad y la importancia del formador en la práctica psicomotriz". *Actas Congreso Expresión, Comunicación y Psicomotricidad*. Barcelona: Ayuntamiento de Barcelona (pp. 67-70).

Perrenoud, P. (2001). "La formación de los docentes en el siglo XXI". *Revista de Tecnología Educativa*, XIV, n° 3 (pp. 503-523). Santiago de Chile: OEI-CREDI.

Potel, C. (2010). *Être psychomotricien. Un métier du présent, un métier d'avenir*. Toulouse: Érès.

Prat, J. (2007). *Los sentidos de la vida. La construcción del sujeto, modelos del yo e identidad*. Barcelona: Bellaterra.

Reich, W.T. (coord) (1978). *Encyclopedia of Bioethics*. New York.

Rota, J. (1996). "Marco específico de la práctica psicomotriz". *Entre líneas. Revista especializada en Psicomotricidad*. Barcelona: Asociación Profesional de Psicomotricistas (pp. 6-8).

—— (1993). "Práctica psicomotriz: La formación en el marco de los cursos anuales y trienales". En: *Actas Congreso Expresión,*

Comunicación y Psicomotricidad (pp. 35-39). Barcelona: Ayuntamiento de Barcelona.

Roudinesco, E. y Plon, M. (1998). *Diccionario de psicoanálisis*. Buenos Aires: Paidós.

Rue, J. (2008). "Formar en competencias en la universidad: entre la relevancia y la banalidad". *Red U. Revista de Docencia Universitaria,* numero monográfico 1, "Formación centrada en competencias".

Sami-Ali, M. (1974). *L´espace imaginaire*. Paris: Gallimard.

Sami-Ali, M. (1997). *Corps réel, corps imaginaire*. Paris: Dunod.

Sánchez, J. y Llorca, M. (2008). *Recursos y estrategias en psicomotricidad*. Málaga: Aljibe.

Sánchez, J. (2011). "Evaluación de los aprendizajes universitarios: una comparación sobre sus posibilidades y limitaciones en el Espacio Europeo de Educación Superior". *Revista de Formación e Innovación Educativa Universitaria,* Vol. 4, nº 1, 40-54.

Sassano, M. (2003). "El psicomotricista y el desarrollo de las actitudes terapéuticas". *Revista Iberoamericana de Psicomotricidad y Técnicas Corporales,* Nº 10, pp. 25-42 (www.iberopsicomotricidad.com).

Sassano, M. y Bottini, P. (2000). "Apuntes para una historia de la Psicomotricidad". En: Bottini, P. (Comp.), *Psicomotricidad: prácticas y conceptos*. Buenos Aires: Miño y Dávila editores.

Schilder, P. (1994). *Imagen y apariencia del cuerpo humano*. Barcelona: Paidós.

Soubiran, G. P. y Coste, J. C. (1989). *Psicomotricidad y relajación psicosomática* (p. 39). Madrid, G. Nuñea editor.

Sperber, D. (1978). *El simbolismo en general*. Barcelona: Anthropos.

Tey, A.; Torguet, S. y Sancho, E. (2004). "Ètica i Deontologia en la Docència Universitària. Una proposta pedagògica per a l'aprenentatge ètic dels estudiants". A: *CD Actes III Congrés Interuniversitari de la Docència Universitària*. U. de Girona.

Tey, A. y Martínez, M. (2003). "Educar en valors és educar sentiments morals". *Educar,* 31, pp. 11-32. Universidad de Barcelona.

Tomás, I. (1999). *Escritos internos*. Departamento de Psicología: URV.

—— (1993). "Diferencias individuales frente al estrés en una Unidad de Urgencias Hospitalarias". *Tesis Doctoral*. Universitat Rovira i Virgili (no publicada).

Tomás, I., García Olalla, L. y Camps, C. (2010). "Dar-se cuenta: la supervisión en los grupos de Formación Personal". *CD Actas III Congreso Estatal de Psicomotricidad, 2006*. Barcelona. ISBN: 978-84-613-2567-2 (Publicado: 2010).

Tomás, I.; García, L. y Camps, C. (2010). "Dar-se cuenta: La supervisión en los grupos de formación personal". En: *CD Abstracts del III Congreso Estatal de Psicomotricidad,* organizado por la Federación de Asociaciones de Psicomotricistas del estado español (FAPee). Barcelona, noviembre 2005; ISBN: 978-84-613-2567-2 (pp. 112-121).

Tuning (2003). *Informe final*. Bilbao: Universidad de Deusto.

Turner, V. (1980). *La selva de los símbolos*. Madrid: Siglo XXI.

Valsagna, A.A. (2003). "La formación corporal del psicomotricista". *Revista Iberoamericana de Psicomotricidad y Técnicas Corporales,* nº 11, pp. 5-12. Edición digital. www.iberopsicomot.net

Veloso, S. (2001). *Psicomotricidade Relacional. Práctica Clínica e Escolar*. Rio de Janeiro: Editora RevinteR.

Villa, A. y Poblete, M. (2007). *Aprendizaje basado en competencias*. Bilbao: Ediciones Mensajero.

Wallon, H. (1980). *Psicología del niño*. Madrid: Pablo del Río.

Winnicott, D (1968). *La interpretación en psicoanálisis. Exploraciones psicoanalíticas*. Buenos Aires: Paidós.

Winnicott, D.W. (1993). *Los bebés y sus madres. El primer diálogo*. Barcelona: Paidós. (2ª edición).

ANEXO

Cuestionario para la autopercepción del cambio

AUTOINFORME SOBRE LA PERCEPCIÓN DEL CAMBIO PERSO-
NAL: Valora tu actitud y tu evolución a partir de la formación corporal/
personal, en relación a ti mismo y a tus compañeros/grupo.

MARCA AQUELLA OPCIÓN CON LA QUE MÁS TE IDENTIFI-
QUES.

	Completamente en desacuerdo	Bastante en desacuerdo	Ni de acuerdo ni en desacuerdo	Bastante de acuerdo	Completamente de acuerdo
	1	2	3	4	5
1. He respetado las condiciones establecidas por el marco de la formación personal en cuanto a asistencia y puntualidad.					
2. He realizado aportaciones en los momentos de verbalización y he escuchado de manera respetuosa las opciones de mis compañeros.					
3. He seguido las propuestas de la formación intentando ajustarme y respetar las consignas y condiciones de las mismas.					
4. He respetado la confidencialidad de lo que ha surgido en el grupo.					
5. Me encuentro más capaz de comunicarme con los otros a través del cuerpo y de la gestualidad.					
6. Me siento más capaz de utilizar el sonido y la palabra como instrumento de comunicación con mis compañeros.					
7. He progresado en la utilización de la mirada para comunicarme con mis compañeros.					
8. He progresado en mi capacidad de ajustarme a nivel tónico cuando estoy en la relación con los otros.					
9. Soy más capaz de aceptar al otro y establecer con él una relación empática.					

10. He progresado en mi capacidad de acompañar y contener al otro, estableciendo límites más claros en la relación					
11. He crecido en la capacidad para asegurar física y afectivamente al otro.					
12. Me siento más disponible a nivel corporal para el trabajo con los otros.					
13. Ahora me siento más capaz de dar sentido y encontrar significados a las vivencias de la formación personal.					
14. Las observaciones y comentarios de los compañeros me han servido para ir encontrando sentido y significado a las vivencias ocurridas en la formación personal y su vínculo con los mecanismos psíquicos que utilizo					
15. Las observaciones y comentarios de las/los formadoras/es me han servido para ir encontrando sentido y significado a las vivencias ocurridas en la formación personal y su vínculo con los mecanismos psíquicos que utilizo					
16. En los momentos de encuentro con los otros, me siento más capaz para tener una escucha activa y realizar aportaciones al grupo					
17. He accedido a aspectos positivos y negativos de mi persona que desconocía hasta ese momento					
18. He podido comprender el sentido y significado individual que han tenido mis vivencias en la formación personal.					
19. Soy más consciente de los mecanismos psíquicos que han surgido en el trabajo corporal y de los recursos que debo utilizar para afrontar mis dificultades.					
20. Las vivencias de la formación personal me han facilitado comprender algunos conceptos y contenidos de la formación teórica.					
21. El trabajo de formación personal me ha resultado útil para transformar y mejorar mi práctica en la sala con los niños.					

REFLEXIÓN PERSONAL

Si consideras que hay aspectos de transformación personal que tu has experimentado y que no quedan reflejados en los ítems de este autoinforme, puedes comentarlos a continuación.

GRACIAS POR TU COLABORACIÓN

Acerca de los autores

Juan Mila Demarchi es Profesor Director de la Licenciatura de Psicomotricidad y Profesor Director de la Carrera de Especialista en Gerontopsicomotricidad, Facultad de Medicina, Universidad de la República (Uruguay). Es coordinador del Equipo de Docencia e Investigación en Formación del Rol del Psicomotricista a través del Trabajo Corporal, de la Universidad de la República, y también es Profesor Honoris Causa de la Organización Internacional de Psicomotricidad y Relajación (Paris, Francia). Asimismo, ha impartido clases, en calidad de Profesor Invitado, en formaciones de grado y postgrado de psicomotricistas de universidades latinoamericanas y europeas. Es, además, investigador y autor de diferentes publicaciones y libros sobre Psicomotricidad.

Cori Camps Llauradó es Doctora en Psicología y especialista en Psicomotricidad. Profesora Titular de Universidad del Departamento de Psicología de la Universidad Rovira i Virgili (Tarragona, España), en el área de Psicología Evolutiva y de la Educación. Imparte asignaturas vinculadas a la Psicomotricidad desde el año 1983. Profesora y co-cordinadora del Postgrado en Intervención Psicomotriz y del Master en Terapia Psicomotriz de esta universidad, en los que imparte docencia, Formación Personal y Formación Práctica. Coordinadora del grupo de investigación: "Intervención Psicomotriz y Desarrollo Psicológico" y de Proyectos de Transferencia con instituciones para la intervención psicomotriz. Autora de diversos artículos, capítulos de libro, y comunicaciones vinculados a la Psicomotricidad.

Lola García Olalla es Doctora en Psicología, y Psicomotricista. Profesora del Departamento de Psicología de la Universidad Rovira i Virgili (Tarragona, España). Vinculada al área de Psicologia Evolutiva y de la Educación. Profesora y co-cordinadora del Postgrado en Intervención Psicomotriz y del Master en Terapia Psicomotriz de esta universidad. Miembro de los grupos de investigación: "Intervención Psicomotriz y Desarrollo Psicológico" e "Interacción y Comunicación en Contextos Educativos". Asesora técnica en temas de atención psicológica y psicomotricidad a la primera infancia y a la tercera edad en diversas instituciones. Autora de diversos artículos y comunicaciones sobre desarrollo socioemocional en la infancia y psicomotricidad.

Mariela Peceli es Profesora Adjunta Coordinadora de Prácticas de la Licenciatura de Psicomotricidad, Escuela Universitaria de Tecnología Médica, Facultad de Medicina - Universidad de la República (Uruguay). Co-coordinadora del Equipo de Docencia e Investigación en Formación del Rol del Psicomotricista a través del Trabajo Corporal, Universidad de la República. Es también Directora del Centro CEDEP de tratamiento integral de bebés, niños y adolescentes (Montevideo, Uruguay), y autora de diferentes artículos y publicaciones en Psicomotricidad.

Inés Tomás Alabart es Doctora en Psicología y Psicoanalista. Profesora Titular de la Universidad Rovira i Virgili (Tarragona. España), en el Departamento de Psicología y dentro del área de Personalidad, Evaluación y Tratamiento Psicológico. Ha dedicado su vida profesional a la docencia y practica terapéutica, tanto infantil como de adultos. Desde el año 2000, coordina el Master de Terapia Psicomotriz de la URV, en el que también imparte docencia y Formación Personal. Es autora de comunicaciones y artículos diversos, relacionados con los factores psicoanalíticos que intervienen en la construcción del sujeto, y en la imprescindible formación personal de los terapeutas.

 Esta edición se terminó de imprimir en octubre de 2011 en los talleres de
Gráfica LAF s.r.l., ubicados en Monteagudo 741,
San Martín, Provincia de Buenos Aires, Argentina.